Phillip Cooper

Magisches Wissen in neuem Licht

Phillip Cooper

Magisches Wissen in neuem Licht

Kerzen, Rituale, Räucherwerk

Bauer

Verlag Hermann Bauer
Freiburg im Breisgau

Die Deutsche Bibliothek – CIP-Einheitsaufnahme

Ein Titeldatensatz für diese Publikation ist bei
Der Deutschen Bibliothek erhältlich.

Die amerikanische Originalausgabe erschien 2000 bei
Samuel Weiser, Inc., Box 612, York Beach, ME 03910–0612, USA,
unter dem Titel *Candle Magic*.
A Coveted Collection of Spells, Rituals & Magical Paradigms
© 2000 by Phillip Cooper

Aus dem Englischen von Susanne Reichert
Lektorat: Dr. Sonja Klug

Mit 8 Farbfotos von Brigitte Mirbaha

1. Auflage 2001
ISBN 3-7626-0818-0
© für die deutsche Ausgabe 2001 by
Verlag Hermann Bauer GmbH & Co. KG, Freiburg i. Br.
www.hermann-bauer.de
Umschlag: Berres/Stenzel/Werner, Freiburg i. Br., unter Verwendung
eines Fotos von Brigitte Mirbaha, Hamburg
Satz: CSF · ComputerSatz GmbH, Freiburg i. Br.
Druck und Bindung: Freiburger Graphische Betriebe GmbH, Freiburg i. Br.
Printed in Germany

Jnhalt

Vorwort

Ich werde oft gefragt: »Womit soll ich anfangen, wenn ich mich mit Magie beschäftigen möchte?« Es gibt so viel Literatur, die noch dazu gegensätzliche Standpunkte vertritt, und so viel verschiedenes Zubehör, dass man als Anfänger und Einsteiger schier überfordert ist. Meine Antwort auf die obige Frage lautet: am besten ganz von vorn, nämlich bei dir selbst.

Zwei Gründe gibt es, weshalb sich Menschen mit Magie beschäftigen. Erstens möchten sie an etwas glauben und wollen diesem Bedürfnis nachkommen. Die Vorstellung von Höllenfeuer und Schwefelgestank ist eben nicht besonders attraktiv. Zweitens wollen sie ihre Alltagsprobleme – zu wenig Geld, gesundheitliche Beschwerden, kein Partner – lösen. Doch wer nach Antworten auf materielle Probleme sucht, geht fast immer mit der falschen Einstellung an die Magie heran: Meistens sind diese Menschen nämlich verzweifelt. Magie wirkt aber erst dann, wenn derart negative Gedanken durch positive ersetzt werden. Magie spielt sich im Kopf ab und hat etwas mit geistiger Einstellung zu tun.

Dieses Buch richtet sich zwar an unerfahrene Einsteiger, doch auch Fortgeschrittene werden darin eine Menge neuer Ideen finden. Ich werde dir zeigen, wie du mit Alltagsgegenständen Geld und Zeit sparen kannst. Du bekommst von mir Informationen und Ideen sowie Beratung bei zahlreichen Kerzenritualen. Dieses Buch soll ein praktischer Leitfaden für alle sein, die mehr über Kerzenmagie erfahren und an ihrem Leben etwas ändern wollen, und zwar durch die Umsetzung sicherer, unverfälschter und vor allem vernünftiger Ideen. Ich werde dir dabei helfen, dir selbst zu helfen, und versuchen, dir nahe zu bringen, worum es bei der Magie im Allgemeinen geht.

Ich komme immer mehr zu der Überzeugung, dass ein Bedürfnis besteht, die Missverständnisse und die Verwirrung, die bezüglich des Themas Magie herrschen, aus dem Weg zu räumen, die Tür zur Realität zu öffnen und die Menschen auf ihre angeborenen Fähigkeiten hinzuweisen. Ich bin überzeugt, dass die Magie für all jene gedacht ist, die sie mit Verstand einsetzen können. Ich glaube, dass Magie eine unkomplizierte, natürliche Kunst ist und einen Teil unseres göttlichen Erbes darstellt. Niemand außer dir hat den Zugang zu deiner Macht in der Hand. Wenn du etwas über wahre Macht erfahren oder deine Alltagsprobleme lösen, Hindernisse überwinden und dich und deine Fähigkeiten verstehen willst, dann ist Magie vielleicht die Antwort darauf. Sie zeigt dir auf natürliche Weise, wie du mehr aus deinem Leben machen kannst. Ziel dieses Buches ist es, dich genau dabei zu unterstützen.

Einführung

Der alte magische Brauch, Kerzen anzuzünden und auf die Erfüllung eines geheimen Wunsches zu hoffen, ist so tief in uns verwurzelt, dass selbst die christliche Kirche ihn in veränderter Form akzeptiert hat. Die alte Kunst der Kerzenmagie ist im Lauf der Jahrhunderte durch Voreingenommenheit und Aberglauben stark in Verruf geraten. In diesem Buch versuche ich, den geheimnisvollen Schleier, der über ihr liegt, zu lüften, indem ich nur authentische, durchführbare Techniken vorstelle. War das Thema bisher für dich verwirrend oder sind deine bisherigen Versuche erfolglos geblieben (vielen anderen ging es ebenso!), dann wirst du mit Hilfe dieses Buches die Wahrheit verstehen und von Techniken erfahren, die wirklich funktionieren. Ich empfehle dir nicht, Wesenheiten anderer Welten anzurufen, sondern stelle dir eine leichtere Methode vor, wie du Kerzenmagie kennen lernen kannst.

Mit diesem Buch möchte ich die praktischen Hindernisse – Mangel an Zeit und Gelegenheiten – aus dem Weg räumen, denen sich moderne, viel beschäftigte Menschen oft gegenübersehen, die sich für Kerzenmagie begeistern. Damit meine ich berufstätige Männer oder Frauen in der Stadt oder viel beschäftigte Landwirte, die keine Zeit finden, um reines Wachs zu sammeln oder um Mitternacht aufzustehen, sich in weißes Leinen zu kleiden und mit einer silbernen Sichel drei Apfelblütenzweige abzuschneiden und so weiter.

Kerzenmagie ist vermutlich die älteste bekannte Form ritueller

Magie. In letzter Zeit hat sie so etwas wie ein Come-back erlebt – ein handfester Beweis für ihre Einfachheit und ungebrochene Anziehungskraft. Wer sich mit Kerzenmagie beschäftigt, hat Erfolg, weil er mit *Macht* in Berührung kommt. Dazu sind weder übermenschliche Anstrengungen nötig, noch brauchst du dir komplizierte Engelnamen oder Planetenstunden oder -tage zu merken. Es genügt, wenn du dich dem Thema mit unkomplizierten Methoden näherst, wie es für die Kerzenmagie typisch ist. Dieses Buch stellt die Fakten dar, wie sie wirklich sind, und unterstützt dich durch den Einsatz natürlicher Energien dabei, Glück und Erfüllung in dein Leben einzuladen. Die Betonung liegt auf Einfachheit, gesundem Menschenverstand und der Durchführung praktischer Kerzenrituale, die zu positiven Ergebnissen führen werden.

Seit der Mensch das Feuer entdeckt hat, gilt die Flamme als etwas Heiliges. Ganz sicher war auch in der Antike das Feuer Bestandteil magischer Rituale. Selbst heute noch gilt die Flamme als edelstes und einfachstes Symbol für die Ehrfurcht gebietende Macht des Geistes. Dieses Buch offenbart die Kunst der Kerzenmagie, angefangen bei ihren Ursprüngen in der Antike, und präsentiert sie ohne mittelalterlichen Muff und Aberglauben, ohne sie unnötig zu verkomplizieren.

Dieses Buch ist leicht verständlich geschrieben. Es enthält praktische Rituale sowie zahlreiche nützliche Tipps und Ratschläge. Die Betonung liegt auf Einfachheit und Ergebnissen, die sich ohne großen Aufwand oder unnötige Komplikationen einstellen. Es werden darin viele wichtige Lebensbereiche behandelt, so beispielsweise Heilungen, die Wiedererlangung des Selbstvertrauens, Geld, Erfolg, Seelenfrieden und Liebe. Kerzenmagie ist bestimmt sehr wirkungsvoll, wenn du weißt, was du tust, und die grundlegenden Tatsachen dieses uralten magischen Verfahrens verstehst, die ich dir auf unterhaltsame Weise vermitteln möchte.

Ich werde dir zeigen, wie du erfolgreich mit einem Minimum an Ausrüstungsgegenständen, ohne all das ganze religiöse Drum und Dran, arbeiten kannst. Du wirst verstehen, was du tust und warum du es tust. Magie muss nämlich *jedes Mal* funktionieren. Sei realistisch. Bleibt der Zauber wirkungslos, dann stimmt etwas nicht. Mein Ziel ist, dir zu zeigen, weshalb manches schief geht, wie du Fallen umgehst und wie du die Sache wieder ins Lot bringst. Ich bin fest davon überzeugt, dass jeder von uns Macht besitzt und dass diese Macht unkontrolliert aus einer undichten Stelle entweicht. Aus diesem Grund gibt es Probleme. Wenn du die magischen Techniken richtig erlernst und anwendest, wirst du diese Macht in den Griff bekommen und sie deinen Bedürfnissen entsprechend lenken können. Es gibt zwar keine Abkürzungen und Sofortlösungen auf dem Weg zum Erfolg, aber andererseits ist Kerzenmagie nicht so kompliziert, wie es auf den ersten Blick scheinen mag.

1

Grundlagen und richtiges Vorgehen

W er Magie praktizieren will, stößt heutzutage auf ein großes
Problem: Er versucht nämlich, den Unterschied zwischen
falschen und echten Magietechniken herauszufinden. Du als Anfänger oder Anfängerin bist auf deiner Suche mit Verwirrung,
Widersprüchen und vielen Ungewissheiten konfrontiert. Damit
stehst du aber nicht allein – viele andere haben die gleichen
Schwierigkeiten.

Jedes Jahr sucht eine wachsende Zahl von Menschen Hilfe bei
der Magie, in der Hoffnung, dass sie ihre Probleme lösen werde.
Viele sind enttäuscht, manche geben gleich auf, weil sie meinen,
Magie funktioniere sowieso nicht oder wenn, dann nur bei ein
paar Auserwählten. Bevor wir uns näher mit der Kerzenmagie
befassen, sollten wir uns deshalb vorher ansehen, welchen
Schwierigkeiten sich der Anfänger gegenübersieht, und versuchen, die Wahrheit über magische Praktiken herauszufinden.

Es gibt buchstäblich Tausende Bücher über Magie und verwandte Themen. Kerzenrituale stehen ziemlich weit oben auf der
Liste der Techniken, mit denen ein bestimmtes Ziel erreicht werden soll. Vielleicht kennst du schon einige dieser Bücher, hast
aber feststellen müssen, dass du mit ihnen nicht weiterkommst.
Vielleicht warst du versucht, eines der so beliebten »Magie-leicht-
gemacht-Bücher« zu kaufen. Vielleicht hast du auch schon einige
der Zaubersprüche ausprobiert, aber keinen Erfolg gehabt. Doch
bevor du Magie erfolgreich praktizieren kannst, musst du verstehen, warum Magie wirkt. Anschließend erst kannst du lernen,

wie du sie dazu bringst zu wirken. Wir wollen dazu ganz von vorn anfangen und ein Magiesystem entwickeln, das sich an grundlegenden, universellen Wahrheiten und gleichzeitig an dem orientiert, was für *dich* das Beste ist.

Die Magie entdecken heißt, den illusionären Charakter der materiellen Welt erkennen. Alle maßgeblichen mystischen und magischen Traditionen erreichen dies durch eiserne Disziplin und Rückzug von der Gesellschaft. Das Ziel ist, den Geist durch einen Schock in die Realität zu bringen, damit der wahre Lernprozess beginnen kann. Wenn du Zeit hast, geh hinaus in die Wildnis; dort wirst du die Magie entdecken, die in dir selbst wohnt. Und sollte ein übereifriger Bürokrat in deine Einsamkeit eindringen, dann denk daran, dass auch das magisch ist. Denn *Rex Mundi* hasst nichts mehr als die Seele, die er nicht verführen oder kaufen kann, und der Auftritt seiner menschlichen Gehilfen weist darauf hin, dass du kurz davor stehst, die wahre Magie zu entdecken.

Universelle Energie nutzen

Immer wenn du ein echtes magisches Ritual durchführst, setzt du Energie ein – eine ganz besondere Art von Energie. Sie ist universell, das heißt, sie ist in allem enthalten, und zwar im Überfluss. Sie erschöpft sich nie. Stelle sie dir als eine natürliche Quelle vor, die niemals versiegt. Diese Quelle ist nicht weit von dir entfernt, sondern du kannst ganz leicht eine Verbindung zu ihr herstellen, auch wenn andere dies bestreiten. Es ist dein Recht, diese Energie zu jedem gewünschten positiven Zweck einzusetzen, weil du freie Wahl hast.

Das Unterbewusstsein

Dieser sagenhafte Teil deines Geistes ist in steter Verbindung mit den Lebensenergien und lenkt diese deinen Wünschen entsprechend. Er kennt weder Grenzen noch Hindernisse, noch das Wort »unmöglich«. Weshalb kannst du deine Wünsche nicht verwirklichen? Warum wirken deine Rituale nicht, wenn du diese Macht doch tatsächlich besitzt? Die Antwort ist wirklich ganz einfach, wenn du verstehst, wie das Unterbewusstsein arbeitet.

Dein Unterbewusstsein reagiert auf Gedanken. Mit Gedanken meine ich bewusstes, auf ein bestimmtes Ziel gerichtetes Denken. Flüchtige Alltagsgedanken ignoriert das Unterbewusstsein, und zwar aus gutem Grund: Würde jeder leiseste Gedanke das Unterbewusstsein beeinflussen, würden alle wahr werden! Stell dir vor, was für eine Verwirrung das gäbe! Zum Glück dringen nur zielstrebige Gedanken durch. Dann führt das Unterbewusstsein wie ein riesiger Computer deinen Wunsch aus, ohne dass du dazu weitere Anstrengungen unternehmen musst.

Damit deine Denkweise dergestalt ist, dass sie das Unterbewusstsein beeinflusst, musst du an das, was du erreichen willst, auch glauben. Das Unterbewusstsein akzeptiert dann die Anweisungen, die du ihm gibst, und führt sie aus. Das ist einer der häufigsten Gründe dafür, dass Magie versagt. Als Anfänger erhoffst und wünschst du dir Erfolg. Wenn du es recht bedenkst, enthalten die Worte »Hoffnung« und »Wunsch« bereits die Möglichkeit des Misserfolgs. Sie sind unbestimmt, sie beinhalten das Wort »falls«. Der Versuch, dein Unterbewusstsein dazu zu bringen, ein – direktes oder indirektes – »falls« zu akzeptieren, wird nicht angenommen. Es zählen nur positive und zielstrebige, entschlossene Gedanken – mit anderen Worten: *unumschränkter* Glaube.

Es gibt andere Wege, um das Unterbewusstsein zu beeinflussen. Dabei setzt man seine Gefühle und seine Vorstellungskraft ein. Jedes bedeutsame magische Ritual macht von allen dreien Gebrauch. Die Techniken zum Einsatz von Glaube, Gefühlen und Vorstellungskraft werden in diesem Buch überall ausführlich besprochen. Fürs Erste kommt es nur darauf an, dass du dir diese Punkte merkst.

Das Unterbewusstsein kennt den Unterschied zwischen gut und schlecht nicht. Es handelt nur auf die Anweisungen, die du ihm gibst, und führt sie unterschiedslos aus. Wenn du an etwas glaubst, wird es immer wahr. Leider nimmt die Fähigkeit zu glauben mit zunehmendem Alter ab, weil man sich mit Vermutungen zufrieden gibt und sie nicht in der Praxis auf die Probe stellt.

Kinder, besonders die ganz jungen unter ihnen, akzeptieren (glauben) bereitwillig fast alles, was sie sehen oder hören. Die Gefahr dabei ist, dass sich diese Eindrücke oder Wertbegriffe, falls sie falsch oder schädlich sind, im Leben dieser Person immer wieder bewahrheiten, weil sie vom Unterbewusstsein akzeptiert wurden. Es sei denn, sie werden verändert. Zum Glück ändern die meisten Menschen ihre früh erworbenen Glaubenssätze tatsächlich, und dadurch verändert sich ihr Leben zum Vorteil. Doch die Glaubenssätze, die unverändert weiter bestehen, wirken weiterhin und führen unweigerlich zu Problemen. Die Betroffenen fangen dann automatisch an, ihren Mitmenschen oder irgendetwas Nichtgreifbarem wie dem Schicksal oder dem Karma Vorwürfe zu machen. Ganze Religionen und Philosophien beruhen auf diesem falschen Denkansatz. Doch dafür ist weder das Schicksal noch eine Pechsträhne oder gar Gott verantwortlich; die wahre Ursache liegt vielmehr im Unterbewusstsein eines jeden Menschen.

Dies klingt nicht nur einfach, sondern ist es auch. Die Ursache von Problemen liegt in dir selbst, und deshalb findest du die Lösung dieser Probleme nicht, indem du dem Leben oder anderen Menschen Vorwürfe machst, sondern indem du alte Glaubenssätze durch neue, bessere ersetzt. Und außerdem weißt du jetzt, dass du dazu auch die Macht hast. Du hast also die Fähigkeit, Erfolg, Glück und Erfüllung in dein Leben zu bringen. Magie ist eine Wissenschaft des Geistes, in die sich leider einige absurde und von Aberglauben geprägte Vorurteile eingeschlichen haben. Wir müssen uns daher um korrekte magische Prozeduren bemühen, wenn wir künftig Fehler vermeiden wollen.

Magische Orte und magische Utensilien

Zur Durchführung wirksamer Rituale brauchst du einen Arbeitsplatz. Dieser Platz braucht nicht bis ins Letzte durchdacht zu sein. Schon ein zusätzlicher Raum erfüllt diesen Zweck. Andernfalls musst du die Umstände deiner Situation anpassen. An erster Stelle steht die Privatsphäre. Du kannst dich nicht auf ein Ritual konzentrieren, wenn du ständig befürchten musst, unterbrochen zu werden. Deshalb ist es ganz wichtig, dafür zu sorgen, dass du während eines Rituals nicht gestört wirst. Mögliche »Störenfriede« werden für eine ehrliche Erklärung oder eine kleine Notlüge sicher Verständnis haben.

An diesem Arbeitsplatz brauchst du irgendein Möbelstück, das sich als Altar verwenden lässt. Ein Altar ist kein religiöses Utensil, sondern lediglich eine Arbeitsfläche – zum Beispiel ein schlichter Couchtisch oder eine Frisierkommode –, auf die du Kerzen und andere zweckmäßige Gegenstände stellen kannst, die du während des Rituals brauchst. Am besten legst du zum Arbeiten ein sauberes Stück Stoff darüber, damit sein profaner Charakter während des Rituals nicht ins Auge fällt.

Die Verwendung von Kerzen, Kerzenhaltern und anderen Utensilien ist Geschmackssache – die Entscheidung liegt bei dir. Vergiss vor allem nicht, dass du diese Gegenstände im eigenen

Interesse möglichst überlegt und bedacht auswählen solltest. Stürze nicht gleich in den nächstbesten Laden und kaufe etwas, in der Hoffnung, es werde seinen Zweck schon erfüllen. So funktioniert Magie nicht. Je mehr du dich mit deinen Magie-Utensilien befasst und je sorgfältiger du diese Gegenstände auswählst, desto besser wird das Ergebnis ausfallen. Umgekehrt folgt daraus nicht, dass allein die Kosten für einen Gegenstand seine magische Kraft irgendwie erhöhen. Die wahre Magie liegt in dir, nicht in den Utensilien. Kein einziges Utensil ist per se magisch, auch Kerzen nicht. Vielmehr helfen dir die Gegenstände nur dabei, dich besser zu konzentrieren. Für magische Kerzenrituale kommen außer deinem Arbeitsplatz, dem Altar, der Altardecke, Kerzen und Kerzenhaltern auch noch folgende Gegenstände in Frage: Räucherwerk, Räucherschalen, Blumen, Kräuter, rituelle Öle, Talismane, Symbole für bestimmte Rituale und ein Notizbuch. Aber du brauchst diese Dinge nicht alle auf einmal zu besorgen.

Wenn du ein Ritual durchführst und eine besondere Kerze anzündest, vollziehst du eine symbolische Handlung. Nicht die Kerze zieht die Macht an, sondern dein Geist. Die Kerze ist nur ein Hilfsmittel.

Magische Rituale

Wenn du ein Ritual durchführst, solltest du dich an einen bestimmten Ablauf halten:

1. Denke gründlich über deine Absicht nach.
2. Plane das Ritual sorgfältig.
3. Entspanne dich und schüttle vor Beginn alle Alltagsgedanken ab.
4. Führe das Ritual durch, und unterstütze deine Absicht durch positive Gedanken.

Diese wesentlichen Punkte werden in den folgenden Kapiteln Schritt für Schritt erläutert werden. Fürs Erste genügt es, dass du sie dir merkst.

Zweck jedes Rituals ist es, all jene Gegenstände zusammenzubringen, die für den beabsichtigten Zweck notwendig sind. Deine Absicht gibt alle Schritte vor. Angenommen, du führst ein Heilungsritual durch. Dieses fällt unter die Herrschaft der Sonne, und deshalb solltest du dazu Dinge verwenden, die an die Sonnenenergie denken lassen: zum Beispiel goldfarbene Kerzen und Altardecken, Sonnen-Räucherwerk, Sonnenblumen oder Ringelblumen und eventuell ein Altarsymbol wie ein Hexagramm oder ein Sonnenkreuz. Daneben gibt es natürlich noch viele andere Dinge. Diese werden später ausführlicher beschrieben.

Mit der Verwendung dieser Gegenstände soll erreicht werden, dass du dich auf einen bestimmten Kanal – in diesem Fall auf die Energie der Sonne – konzentrieren kannst. Es ist ganz wichtig, dass du bei Ritualen nur Gegenstände verwenden darfst, die wirklich dem Wesen und der Absicht des jeweiligen Rituals entsprechen.

Es heißt, dass planetare Einflüsse alle Lebensbereiche beherrschen. Die Planeten als solche beherrschen aber nichts. Das ist ein großer Irrtum. In Wahrheit enthält alles Seiende Energie. Daher lassen sich diese Energien unter verschiedenen Stichworten zusammenfassen. Aus Gründen der Bequemlichkeit wurden einst alle Dinge, entsprechend ihrer Ähnlichkeit mit dem Wesen eines bestimmten Planeten, in bestimmte, genau definierte Kategorien eingeteilt. Zum Beispiel entsprechen das Metall Gold und die Farbe Gelb eher unserer Vorstellung von der Sonne als, sagen wir, von Jupiter. Ähnlich gehören Blei und die Farbe Schwarz eher zu Saturn.

Die Klassifizierung alltäglicher Gegebenheiten in Planetengruppen heißt »Grundsatz der Entsprechungen«. Dieses Konzept kommt bei der magischen Arbeit vielfach zum Tragen, sodass es wichtig ist, nur die korrekten Entsprechungen zu verwenden, wie ich sie in diesem Buch beschreibe.

Zusammenfassung

1. Lies dieses Kapitel mehrmals durch. Mache dir Gedanken zu meinen Anregungen, und vergleiche sie mit denen, die du in anderen Büchern findest. Verankere die Vorstellung, dass du mit Hilfe deines Unterbewusstseins Zugang zu grenzenloser Macht erhältst, fest in deinem Geist.
2. Erstelle eine Liste deiner Glaubenssätze und frage dich, ob sie gerechtfertigt sind. Falls du beispielsweise geschrieben hast »Ich glaube an eine Macht, die Gott heißt«, dann frage dich, welchen Beweis du für die Existenz eines Gottes hast. Oder, noch präziser, frage dich, an welchen Gott du glaubst. Ist dein Gott nur wohlmeinend, oder zeigt er auch die schlechten Eigenschaften, wie sie in der christlichen Version des Alten Testaments stehen und heute noch die Menschheit beeinflussen? Das sind ganz wichtige Fragen, die du beantworten musst. Lerne deine Glaubenssätze kennen, denn sie beeinflussen dein Leben!
3. Suche dir eine persönliche Kerze aus, die dich darstellt. Kaufe nicht überstürzt irgendeine Kerze. Denke gründlich darüber nach, welche Form, welche Größe und welche Farbe sie haben soll. Lass dir Zeit. Lass dich nicht durch Dinge beeinflussen, die du vielleicht irgendwo gelesen hast. Es ist deine Entscheidung, und zu der musst du ganz allein finden.

Bereite deinen Altar vor und stelle deine persönliche Kerze in die Mitte. Setze dich hin und entspanne dich eine Weile. Schiebe dabei alle Alltagsgedanken und vor allem -sorgen beiseite, bis du ganz ruhig bist. Wenn du nicht daran gewöhnt bist, entspannt zu sein (das geht den meisten so), helfen dir vielleicht die folgenden Vorschläge weiter.

Du entspannst dich, indem du »loslässt«, nicht indem du dich konzentrierst. Atme anfangs langsam und leicht, richte dann deine Aufmerksamkeit auf deine Füße und stelle dir vor, sie gehörten nicht mehr zu dir. Sie werden immer schwerer. Arbeite dich langsam durch den Körper, bis du völlig entspannt bist. Jede Technik hilft, du musst sie nur regelmäßig üben.

Als Nächstes entspanne deinen Geist. Dies bereitet den meisten Menschen Schwierigkeiten. Die Lösung ist ganz einfach. Wenn du körperlich entspannt bist, versetze dich in Gedanken in eine schöne Szenerie, eine Landschaft, die nur in deiner Phantasie existiert, oder rufe dir ein Bild aus vergangenen Momenten, zum Beispiel eine schöne Urlaubsreise, in Erinnerung. Du kannst dich ganz leicht geistig entspannen, wenn du daran denkst, dass du dich nur von deinen Alltagsproblemen etwas distanzieren musst. Dies erreichst du wie oben beschrieben. Du kannst dir aber auch anders behelfen, zum Beispiel mit Musik (nicht nur mit der so genannten Popmusik, die nicht gerade die besten Seiten des Menschen zum Vorschein bringt!). Klassische Musik oder jede andere Art von Musik, die speziell für Meditation, Entspannung oder Yoga komponiert wurde, ist dafür bestens geeignet.

In diesem Fall empfehle ich besonders die Verwendung von Räucherwerk, das dich in den richtigen Geisteszustand versetzt. Nimm dafür entweder loses Räucherwerk, das du auf Räucherkohle verbrennen musst, oder – als einfachste Methode – Räucherstäbchen. Beides erhältst du in esoterischen Buchläden oder im Naturkostladen. Rezepte für eine Räuchermischung findest du weiter hinten im Buch.

Bist du dann entspannt, entzünde die persönliche Kerze mit einem Streichholz. Lege die Schachtel beiseite und denke darüber nach, was du gerade getan hast. Du hast nicht nur eine Kerze angezündet, um einen Raum zu erhellen, sondern weil du eine bestimmte Absicht, einen Grund dafür hattest. In der Magie muss alles einen Zweck haben. Tue niemals etwas ohne Grund, das schafft häufig Probleme. Deine Absicht hier ist nicht nur, eine Kerze zu entzünden, sondern dich und deinen Tempel der magischen Kraft zu öffnen, um deine Gedanken und dein Bewusstsein vom Alltagsleben abzuziehen und etwas absichtsvoll zu tun, während du einen Gegenstand als Konzentrationshilfe benutzt. Denke sehr gründlich darüber nach. Es ist ein Riesenunterschied, ob du lediglich eine Kerze entzündest oder dies mit einer bestimmten Absicht tust. Hier beginnt die wahre Magie. Setze dich irgendwo hin und denke darüber nach, inwiefern die Flamme, die du entzündet hast, anders, besonders ist. Sie ist anders als alle existierenden Flammen und wurde von dir aus einem bestimmten Grund geschaffen. Je mehr du darüber nachdenkst, desto wirkungsvoller wird diese Handlung sein. Je mehr du dich darauf einlässt, desto beeindruckender wird das Ergebnis ausfallen.

Sprich zu dem Ritus ein paar bedeutungsvolle Worte, wie: »Ich öffne diesen Tempel jetzt den Mächten des Lichts und der Erreichung meiner Ziele«. Dann entzünde die Kerze, halte ein, um sie eingehend zu betrachten, und sage dann etwa: »Ich öffne mich jetzt dem Licht und der Wahrheit.« Bleib sitzen und denke über das Entzünden der Kerze und die eben gesprochenen Worte nach. Du brauchst nicht meine Worte zu benutzen. Es ist im Grunde viel besser, dir selbst welche auszudenken. Denke dir deine eigenen Ritualworte aus. Gib deinen Ritualen eine persönliche Note, damit sie dir und deinen Bedürfnissen entsprechen. Sei individuell. Schaffe dir deine eigenen Riten, so wie es dir entspricht. Sieh dir an, wie andere arbeiten, und lerne von ihnen, aber ahme sie nicht wie ein Papagei nach, sonst läufst du Gefahr, dich selbst zu betrügen. Dir werden Ideen kommen, wenn du es ihnen gestattest. Sei also geduldig und entschlossen. Denke über diese Kerze nach. Sie stellt dich dar – nicht dein gewöhnliches, sondern dein »wahres Selbst«. Weißt du noch, was das wahre »Selbst« ist? Rufe dir in Erinnerung, was weiter oben schon alles über dein Unterbewusstsein und die Macht, die dir zur Verfügung steht, gesagt wurde.

Denke als Nächstes über all das nach, was du brauchst und dir wünschst. Beschränke dich in keinerlei Hinsicht – sei völlig positiv und lass deiner Phantasie freien Lauf. Du brauchst nur dein Unterbewusstsein anzuweisen, dann wird deine Absicht gewiss wahr werden.

Lass vor allem keine einschränkenden Glaubenssätze dazwischenkommen. Betrachte es immer als unterhaltsame Übung. Sobald irgendwelche negativen Gedanken auftauchen, wie »Ich kann nicht« oder »Ach wenn doch«, schicke sie weg und vergiss nicht, dass du *kannst*. Lass niemals scheinbare Fakten dazwischenkommen. Wie du sehen wirst, lassen sich diese so genannten Fakten ändern.

Führe diese Übung durch, sooft du willst, aber mindestens einmal am Tag. Du wirst dabei nicht nur eine Menge über dich selbst und das Leben erfahren, sondern auch den Unterschied an *dir* feststellen. Bleib bei dieser Übung, und lass keine anderen Ausreden wie »Ich habe heute keine Zeit« gelten. Wenn du dein Leben ändern willst und die Magie bei dir wirken soll, musst du bereit sein, einige Opfer zu bringen. Du solltest Ausdauer und Geduld lernen.

Ein eröffnetes Ritual musst du immer abschließen. So sicher, wie es ein wirkungsvolles »Hinein« gibt, muss es auch ein wirkungsvolles »Hinaus« geben. Die Eröffnung eines Rituals nimmt einige Zeit in Anspruch, und das sollte sie auch. Der Abschluss eines Rituals geht viel einfacher und schneller, ist aber dennoch ein wesentlicher Bestandteil, dem du daher möglichst viel Aufmerksamkeit widmen solltest.

Erhebe dich zum Abschluss der Gedankensitzung, deren Dauer völlig von dir abhängt, und bestätige, dass dies tatsächlich das Ende der Sitzung ist. Sage oder denke zumindest etwas, das eindeutig darauf hinweist, dass die Hauptarbeit damit beendet ist und du nun vorhast, abzuschließen und dich wieder dem Alltag zuzuwenden. Du könntest zum Beispiel sagen: »Ich erkläre jetzt die Arbeit für beendet. Mögen die Vorteile ungehindert in mein Alltagsleben kommen.«

Dann solltest du dich der Kerze zuwenden und bestätigen, dass der Tempel gleich geschlossen wird und du wieder ins Alltagsleben zurückkehren wirst. Blase die Kerze vorsichtig aus oder lösche sie so, dass es für dich eine Bedeutung hat. Mache dir kurz bewusst, dass du die Flamme nicht zerstörst, sondern sie nur an ihren eigenen inneren Ort zurückstellst, wo sie auf dich wartet, sobald du sie wieder brauchst. Verlasse dann den Tempel. Ganz gut wäre es, wenn du ein Tagebuch führst und darin alle wichtigen Gedanken festhältst, die dir während des Rituals gekommen sind. Schreibe alle Ideen auf, die dir kommen. Diese Listen werden Thema späterer Rituale sein, denn sie stellen deine Absichten dar. Lösche die Kerze und räume alles bis zur nächsten Sitzung weg.

Natürlich kannst du diese Liste jederzeit ergänzen. Es ist nämlich immer ganz hilfreich, dir in trüben Momenten anzusehen, was du hast und was nicht, um zu entscheiden, was du wirklich willst. Zu wissen, was du wirklich willst, ist so, als hättest du schon die Hälfte des Weges zur Erfüllung deiner Wünsche zurückgelegt. Führe diese Übungen deshalb so oft durch, bis du sie beherrschst.

2

Kraftkreise

M agie ist eine Wissenschaft – die Wissenschaft, seinen Geist zu gebrauchen. Tatsächlich weist jede einigermaßen höhere Form von Magie keinerlei Unterschiede zur Wissenschaft auf. Daran solltest du bei deiner magischen Arbeit immer denken, wenn du den Fallstricken entgehen willst, die zwischen dir und dem Erfolg liegen. Wir wollen uns nun also ansehen, wie man ein Kerzenritual richtig durchführt. Am besten gehst du folgendermaßen vor:

1. werde dir über deine Absicht klar
2. plane dein Ritual
3. bereite dich auf dein Ritual vor

Das sind grundlegende Voraussetzungen. Wenn du alle Utensilien bereitgelegt hast und der richtige Zeitpunkt gekommen ist,

4. entspanne dich
5. führe dein Ritual durch
6. räume alles auf

Diese sechs Punkte sind die allerwichtigsten Schritte zum Erfolg. Nun wollen wir uns jeden einzelnen genauer ansehen.

Werde dir über deine Absicht klar

Viele Rituale scheitern, weil dem Durchführenden seine Absicht nicht klar war. Erinnere dich, dass du mit deinem Geist arbeitest. Daraus folgt automatisch, dass du vermutlich keine guten Ergebnisse erzielen wirst, wenn du keinen klaren Kopf hast. Du musst dich der Reihe nach mit allen Zweifeln, Befürchtungen und Ungewissheiten auseinander setzen und sie durch positive Gedanken ersetzen. Ganz egal, wie lange dies dauert, du musst es unbedingt tun, um spätere Schwierigkeiten zu vermeiden. Nichts lenkt mehr ab als ein Berg Sorgen während des Rituals. Überdenke deine Absicht aus allen möglichen Blickwinkeln, merze alle Befürchtungen aus und sei positiv. Das Endergebnis muss so aussehen, dass du während der Durchführung deines Rituals genau weißt, was du willst, und auf den Erfolg vertraust.

Angenommen, deine Absicht ist es, dir ein neues Auto anzuschaffen. Du solltest eine Zeit lang darüber nachdenken und allmählich ein klares Bild in deinem Kopf entstehen lassen. Entscheide, welches Fabrikat, von welcher Farbe und welchem Typ dein Auto sein soll. Soll es ein neues oder ein gebrauchtes Fahrzeug sein? Soll es sparsam im Verbrauch sein? Während du diese Dinge überlegst, werden dir vermutlich ein paar Bedenken kommen. Ignoriere sie nicht, sonst nehmen sie überhand. Prüfe sie stattdessen – du kannst von ihnen etwas lernen.

Analysiere Stärken, Schwachstellen, Gelegenheiten und Risiken

Diese Analyse ist sinnvoll, wenn du dir die Situation betrachten willst. Mit dieser Technik entdeckst du alle möglichen verschiedenen Gelegenheiten, mit denen du das gewünschte Ergebnis beeinflussen kannst. Wenn du dich zu übereiltem Handeln hinreißen lässt, ohne die Situation zu beurteilen, führen deine eigenen Schwächen zu Problemen, an die du anfangs gar nicht gedacht hast. Diese Analyse erweist sich manchmal durchaus als hilfreich, um eine Situation zu klären, bevor man auf die Magie zurückgreift.

Stärken: Betrachte die Stärke deiner Position – materielle Verbindungen, Insider-Informationen bezüglich deiner Absicht und alles, was deinen Erfolg unterstützen könnte. Konzentriere dich auf die geeignetste Variable, um das Ergebnis zu deinen Gunsten zu beeinflussen.

Schwachstellen: Überlege, was sich dir in den Weg stellen könnte, das heißt, welche potenziellen Schwachstellen deine Position haben könnte. Lohnt es sich wirklich? Übersteigt der Erfolg die Kosten, den Zeitaufwand und die Mühe? Kann irgendetwas der Verwirklichung deiner Absicht in die Quere kommen?

Gelegenheiten: Bedenke das richtige Timing. Gibt es einen besonders günstigen Zeitpunkt für die Durchführung des Rituals? Was bringt dir diese Arbeit ein? Denke auch an astrologische Gegebenheiten, Mondphasen und planetare Aspekte.

Risiken: Was könnte schief gehen und wie würde sich ein Misserfolg auf die Situation auswirken? Wie würdest du mit dem neuen Ergebnis und den nachteiligen Folgen deines Zaubers oder Rituals zurechtkommen?

Falls du der Ansicht bist, dein Zauber oder dein Ritual berge viele Risiken und Schwachstellen, dann wäre es sicher klug, deine Absicht neu zu überdenken. Führe dir die Begleitumstände vor Augen. Wie wird sich das Ganze vermutlich abspielen, wenn du nicht eingreifst? Hier könnte Weissagung – Runenlesen oder

Tarotkarten legen – helfen. Trage Informationen zusammen, analysiere die Situation, wäge deine Absicht gegebenenfalls erneut ab, und handle erst dann.

Denke daran: Jede Ursache hat auch eine Wirkung, und jede Wirkung hat eine Ursache. Wenn du in der Magie das Wort »Gedanke« durch »Ursache« ersetzt, hast du den wichtigsten Schlüssel zur Macht in Händen. Zielstrebiges Denken zieht Ereignisse nach sich. Denn was ist Magie anderes als ein Weg, um ein Gedankenmuster aufrechtzuerhalten mit dem Ziel, das gewünschte Ergebnis zu erreichen? Es ist daher von größter Bedeutung, bereits vor dem magischen Ritual genauestens über seine mögliche Auswirkung nachzudenken. Ganz oft stürmt der Anfänger mit großer Begeisterung vorwärts, führt das Ritual durch, erhält das gewünschte Ergebnis und wünscht sich dann, er hätte sich nicht darauf eingelassen, weil er nicht alle Auswirkungen bedacht hat.

Stelle dir beispielsweise vor, du würdest Millionen im Lotto gewinnen. Das hört sich doch gut an! Aber denke einmal richtig darüber nach und führe dir auch vor Augen, welche dramatischen Auswirkungen dies zwangsläufig hätte. Deine gesamte Lebensführung würde sich ändern. Du müsstest vielleicht einen Wohnungswechsel in Erwägung ziehen, Buchhalter einstellen, die deinen neu erworbenen Reichtum verwalten, Sicherheitskräfte anheuern, die dich vor Dieben schützen, auf Bittbriefe reagieren und so weiter. Eine einfache Ursache kann viele Auswirkungen haben, die manchmal auch unerwünscht sind.

Die goldene Regel lautet daher, möglichst alle Fakten zu erwägen, bevor man handelt. Das erfordert eine Menge Geschicklichkeit und eine seltene Tugend, die Weisheit heißt. Je öfter du nach dem Motto »Erst hinsehen, dann springen« handelst, desto besser wird das Ergebnis im allgemeineren Sinn sein.

Plane dein Ritual

Deine Absicht entscheidet über die Art des Rituals und die dazu notwendigen Gegenstände. Darüber solltest du eine Zeit lang genau nachdenken. Wie viele Kerzen willst du beispielsweise benutzen? Welche Farbe sollen sie haben? Welches Räucherwerk willst du verwenden? Was ist der beste Zeitpunkt für dein Ritual? Auch das kleinste Detail bedarf genauester Klärung. Dazu empfiehlt es sich, eine Liste zu erstellen, die du später als Richtschnur benutzen kannst.

Bereite dich auf dein Ritual vor

Suche anhand deiner Liste die Gegenstände und Kerzen zusammen, damit, wenn du bereit bist, alles an Ort und Stelle liegt.

Bisher hattest du nur die Absicht, mögliche Ablenkungen und Fehlerquellen von vornherein aus dem Weg zu räumen. Gewöhne dir an, in Gedanken und Tun pedantisch genau zu sein. Hege positive Gedanken, pflege gute Gewohnheiten, und denke immer daran, dass deine Vorbereitung weitgehend das Ergebnis bestimmt.

Lerne, dich zu entspannen

Du wirst nie mit einem Ritual Erfolg haben, wenn du aufgewühlt bist und lauter Alltagsgedanken in deinem Kopf herumschwirren. Du musst dich unbedingt eine Zeit lang entspannen und alle Gedanken beiseite schieben, die nichts mit deiner Absicht und deinem Ritual zu tun haben. Das kannst du entweder an deinem Arbeitsplatz (den ich ab jetzt den Tempel nennen werde) oder jedem anderen Ort tun, der ruhig ist und wo du nicht abgelenkt wirst. Räucherwerk und sanfte Musik helfen dir dabei abzuschalten. Wenn du so weit bist, konzentriere dich allmählich auf den Zweck deines Rituals und mache dir dazu positive Gedanken. Lasse dir zuerst die Ideen durch den Kopf gehen, die ich auf der nächsten Seite bezüglich universeller Energie und der Macht deines Unterbewusstseins ansprechen werde.

Führe dein Ritual durch

Wenn du den Rahmen für deine bevorstehende Handlung geschaffen hast – das heißt, dir über das Wie und Warum des Rituals im Klaren bist –, sollte das eigentliche Ritual ein entspanntes und freudvolles Ereignis sein, frei von negativen Gedanken und Problemen, die auf Grund mangelnder Planung auftreten. Gerate nicht in Panik, wenn etwas schief geht. Werde dir über die Situation klar und überlege, ob es sich lohnt weiterzumachen. Lass dich nicht von einer Sorge übermannen. Bewahre Ruhe und finde allmählich zu einer Entscheidung. Setze das Ritual möglichst fort, es sei denn, es geht wirklich nicht. In solch einem Fall beende es (siehe unten) und führe den Ritus an einem anderen Tag durch. Falls alles klappt, beende das Ritual wie gewohnt.

Räume alles auf

Wenn du einen provisorischen Altar verwendest, musst du alles wegräumen, und zwar aus folgenden Gründen: Erstens ist es niemals gut, rituelle bzw. persönliche Dinge herumliegen zu lassen, die andere sehen könnten. Zweitens hilft uns das Aufräumen auch dabei, wieder »auf den Boden der Tatsachen« zurückzufinden. Der Zweck eines Rituals ist einfach, dich geistig auf deine Absicht und die Macht, die du einsetzen willst, zu konzentrieren. Diese Macht wollen wir uns nun genauer ansehen.

Du und dein Unterbewusstsein

Alles in der Schöpfung enthält Energie. Genau diese Energie oder auch Kraft ist es, mit der du dein Leben zum Besseren veränderst und materielle Gegenstände anziehst. Dabei bedienst du dich deines Unterbewusstseins. Bei dem besagten Prozess geht es darum, dass dein Unterbewusstsein und deine Glaubenssätze Verbindung zu der universellen Energie aufnehmen.

Du als menschliches Wesen bist viel mächtiger, als du ahnst, weil du die Fähigkeit hast, mit Hilfe von Energie etwas zu erschaffen, und es mit deinem Unterbewusstsein lenken kannst. Auf den ersten Blick erscheint dies wie eine gewaltige Selbstüberschätzung oder wie ein Höhenflug. Doch ich versichere dir, dass es stimmt. Deine schöpferischen Fähigkeiten sind riesig und grenzenlos. Außerdem setzt du diese Macht ständig ein, ohne es zu merken. Dabei steuerst du sie entweder bewusst und lenkst sie auf Dinge, die erstrebenswert sind, oder aber die Macht agiert weiterhin unkontrolliert und schadet dann möglicherweise dir und anderen. Magie ist die Kunst, diese Macht zu begreifen und zu steuern.

Dein Unterbewusstsein ist der »Gott in dir«, *deine persönliche Machtzentrale*. Es lenkt die Macht nicht nur in deinem Sinne, sondern reagiert auch auf direkte Anweisungen, egal wie diese aussehen mögen, und liefert Antworten auf Fragen. Unterschätze *niemals* die reine Macht und das gewaltige Potenzial, das in diesem Teil von dir steckt.

Magie ist eine Wissenschaft, bei der du lernst, dein Unterbewusstsein anzuweisen und sein gewaltiges Potenzial zu nutzen.

Dies solltest du dir immer vor Augen halten, damit bei deiner Magiearbeit keine Fehler auftreten, weil dir Aberglaube und andere ungeeignete Dinge in die Quere kommen.

Deine Glaubenssätze

Das Unterbewusstsein handelt dann auf Anweisungen, wenn diese auf ganz bestimmte Art gegeben werden. Ich spreche von den Glaubenssätzen. Gemäß den Gesetzen des Kosmos wird alles wahr, woran man glaubt. Dafür ist ausschließlich die Funktionsweise des Unterbewusstseins verantwortlich, nicht die weit verbreitete Vorstellung von einem Eingreifen durch »Wesen«, die sich außerhalb von dir befinden. »Gibt es Götter wirklich?« Diese Frage habe ich oft gehört. Ja, sie existieren in Form personifizierter Energien. Deshalb glauben wir, sie seien real.

Die meisten Menschen meinen, Glauben sei schwierig, weil sie es falsch angehen. Glauben ist nichts, was du erzwingen musst. Im Gegenteil, du brauchst nur zu akzeptieren, dass etwas wahr ist, und dann trotz so genannter Fakten an diesem Glauben festzuhalten. In der Magie darfst du dir dein Denken und Tun niemals von Vermutungen vorschreiben lassen. Diese »Fakten« sind dazu da, verändert zu werden, sofern du das wünschst. In der Magie geht es darum, diese Fakten positiv zu verändern.

Kreatives Denken

Du kannst dein Unterbewusstsein beeinflussen, indem du einen Glaubenssatz aufstellst, auf den es reagieren kann. Dazu gibt es viele Methoden. Einige würden den Rahmen dieses Buches sprengen, doch andere magische Techniken, die leichter anwendbar sind, werden hier ausführlich besprochen. Der Trick dabei ist, mit Hilfe der Gedanken ein Glaubensmuster zu erstellen, nach dem später dann ohne weitere Anstrengungen deinerseits gehandelt wird. Doch die *Qualität* des Gedankens ist entscheidend. Alltagsdenken ist wirkungslos.

Dein Unterbewusstsein ist nur für zielstrebige Gedanken aufnahmebereit, die von Gefühlen und der Vorstellungskraft gestützt werden. Außerdem versteht dein Unterbewusstsein kein Deutsch (auch kein anderes Sprachsystem), sondern nur Symbole, die ihm durch die Vorstellungskraft vermittelt werden. Zur Verwendung von Symbolen werden wir gleich kommen; fürs Erste wollen wir uns ansehen, wie man ein magisches Ritual richtig durchführt.

Umgang mit einem Ritual

Je mehr du in deine Rituale investierst, desto mehr bekommst du zurück. Damit meine ich nicht unbedingt finanzielle Ausgaben. Wenn wir ehrlich sind, erfüllt eine Kerze für eine Mark ihren Zweck genauso gut wie eine für zehn Mark. Entscheidend ist die Beziehung, die zwischen dir und dem Gegenstand der Betrachtung besteht. Dein Utensil hast du entweder abergläubisch oder gedankenlos ausgesucht, oder du hast gründlich darüber nachgedacht und aus diesem Grund hat es für dich eine Bedeutung. Die »Absicht« bei deinem Ritual wird sich deutlich zeigen.

Worte als solche bedeuten deinem Unterbewusstsein ziemlich wenig, aber Gedanken zählen. Es ist ein Riesenunterschied, ob man Worte nur dahinsagt oder auch meint, was man sagt! Angenommen, du verwendest in einem Ritual den Satz: »Ich wünsche mir Gesundheit.« Du kannst ihn einfach dahinsagen oder aber ihn mit Überzeugung, Nachdruck und Bestimmtheit aussprechen. Anders gesagt: Du zeigst, dass du fest an deine Worte glaubst. Sprache sieht die Welt als Gegenstände und Materialien im Raum, doch im Grunde genommen ist das eine Illusion, die die

Folge eines einzigartigen lebenden Prozesses ist. Die Energie, die den Prozess in Gang setzt und das Trugbild entstehen lässt, das du für Realität hältst, ist die Macht, die du dir zu Nutze machst, um Magie zu praktizieren.

Bei der Durchführung eines Rituals bittest du das Leben um etwas, worauf du ein Anrecht hast – es ist dein Recht. Die universelle Energie kann auf jede beliebige Weise genutzt werden, obwohl ein weiser Mensch alle Aspekte überdenken wird, bevor er ein Ritual zu einem bestimmten Zweck durchführt. Du kannst alles bekommen, was du willst, du musst nur richtig darum bitten. Du solltest aber immer daran denken, dass du für alles verantwortlich bist, was du erschaffst. Denke deshalb gründlich darüber nach, bevor du diese Macht in Bewegung setzt.

Ganz sicher steckt hinter den Lebensenergien eine Intelligenz, aber denke daran, dass dieser Gott (oder wie auch immer du ihn nennen magst) deine Beweggründe und Handlungen nicht beurteilen wird und dich auch nicht überwachen will. Die Annahme, von irgendeinem Gott, Geist oder einer anderen vermeintlichen äußeren Kraft oder Wesenheit verurteilt oder eingeschränkt zu werden, widerspricht zutiefst allen kosmischen Gesetzen. In Wahrheit bist du völlig frei, die Energien einzusetzen, die dir das Leben großzügig zur Verfügung stellt. Möchtest du zum Beispiel ein Leben in Wohlstand, Glück und Überfluss führen, stehen dir diese Kräfte zur Verfügung. Gott als solcher wird dich nicht davon abhalten. Doch manchen Menschen gefällt vielleicht nicht, was du tust, sodass sie möglicherweise von ihrem Recht Gebrauch machen, dich daran zu hindern.

Du musst dir unbedingt darüber im Klaren sein, dass all dies wahr ist, und akzeptieren, dass du dich folglich auf Grund deiner Entscheidungsfreiheit verantwortungsvoll verhalten musst. Bevor du dich zu einer Handlung entschließt, halte inne und überdenke sie genauestens, besonders wenn dein Wunsch andere Menschen betrifft. Entscheide, was du willst, aber bedenke, welche Auswirkungen dies unter Umständen haben könnte. Bedenke sie, habe ich gesagt, aber mach dir deswegen keine Sorgen!

Der richtige Weg

Wie gesagt, ist Magie eine Wissenschaft, für die – auch wenn sie sich natürliche Energien zu Nutze macht – eine eingehende Beschäftigung und das Verständnis bestimmter Gesetze und Prinzipien erforderlich sind. Magie wirkt, vorausgesetzt, du gehst mit dem Thema ernsthaft um, setzt deinen gesunden Menschenverstand ein und machst »keine halben Sachen«, als wäre Magie so etwas wie ein Freizeithobby. Eine der wichtigsten magischen Regeln lautet:

$$Input = Output$$

Je mehr du eingibst, desto mehr kommt heraus. Es gibt keine Abkürzungen oder »Blitzlösungen« für den Erfolg. Alles ist eine Frage des Einsatzes. Wenn du Ergebnisse sehen willst, musst du auch etwas dafür tun. Die Qualität deines Inputs ist genauso wichtig. Vernünftige, verlässliche Techniken führen zu guten Ergebnissen. Alles andere ist Selbsttäuschung und führt letztlich zum Misserfolg. Du hast die Wahl, aber es lohnt sich, Wissen und Macht zu erwerben.

Symbolik

Du weißt nun, dass du positiv denken und an dein Tun glauben musst. Jetzt wollen wir zu einem anderen Punkt übergehen, der für richtige magische Arbeit wichtig ist – zur Symbolik: Wie schon gesagt, reagiert das Unterbewusstsein nicht auf Worte, sondern nur auf Gedanken oder, richtiger gesagt, auf eine Art Gedanken, bei denen die Vorstellungskraft beteiligt ist. Sicher hast du schon von der Technik des Visualisierens gehört. Sie ist aber nicht immer empfehlenswert, wenn man etwas tun will, besonders wenn du zu den Menschen gehörst, die sich mit geistigen Bildern schwer tun. Falls dir dies leicht fällt, prima. Wenn nicht, dann vergeude deine wertvolle Zeit nicht mit Visualisierungsübungen, sondern setze die viel natürlichere Technik der Vorstellungskraft ein.

Wie funktioniert die Vorstellungskraft? Die folgende Übung ist wichtig; lasse sie daher nicht aus.

> Beschreibe einen Zehnmarkschein oder eine vergleichbare Banknote in deiner Heimatwährung. Sieh sie nicht an. Lasse dir Zeit und denke langsam und absichtsvoll über sie nach.

Ich bin weniger an deiner Beschreibung interessiert als an der Art, wie du zu dieser Beschreibung gelangst. Wie geschah das? Du dachtest an den Geldschein und hast Bilder in deinem Kopf entstehen lassen. Du hast deine Vorstellungskraft eingesetzt und auch gemerkt, dass das ganz natürlich und gar nicht schwierig ist. Der Punkt ist: Du hast *in Bildern gedacht*.

In Bildern denken

> Betrachte deinen Wunsch ungefähr so, als wäre er ein vergnügliches Spiel, etwa so, wie du dich an einen schönen Augenblick in der Vergangenheit zurückerinnerst. Widme deinem Wunsch beliebig viel Zeit, bevor du fortfährst.

Auch hier setzt du wieder deine Vorstellungskraft ein, um Bilder entstehen zu lassen, die von den Gedanken in deinem Kopf ausgehen. Du kannst jetzt den Unterschied zwischen dieser Denkart und normalem Alltagsdenken erkennen. Du siehst jetzt auch, dass das Denken in Bildern das Unterbewusstsein aktivieren kann, das seinerseits die Macht in deinem Sinne lenken wird, um das zu erreichen, worauf du dich konzentriert hast. Bevor dies allerdings stattfinden kann, brauchst du noch etwas – kreatives Denken.

Vorstellungen in der Phantasie versetzen das Unterbewusstsein in Bereitschaft. Doch es wird auf diese Bilder höchstwahrscheinlich erst dann reagieren, wenn du ihm einen positiven Anstoß dazu gibst und beispielsweise noch einmal bekräftigst, dass du dir die Dinge, die du in deiner Vorstellung siehst, auch wirklich wünschst. Das Ganze ist wie ein Zahlenschloss: Solange du die falschen Zahlen eingibst, passiert nichts. Genauso ist es beim kreativen Denken, für das die folgenden Elemente ganz wichtig sind:

Du musst ein Ziel oder Endprodukt im Kopf haben.
Du musst in deiner Vorstellung über dieses Ziel nachdenken.
Du musst aktiv den Wunsch haben, dieses Ziel zu erreichen.
Der ganze Prozess muss *positiv* verlaufen.

Kreatives Denken an sich führt dazu, dass Dinge in deinem Leben Gestalt annehmen. Das ist die Quintessenz von Büchern, in denen es um die Macht des Geistes geht. Wird dieser Prozess sorgfältig durchgeführt, bleibt der Erfolg garantiert nicht aus. Schwierigkeiten bereitet eher der letzte Punkt der Liste. Es hat einfach keinen Sinn, sich einen Wunsch vorzustellen, wenn man gleichzeitig davon überzeugt ist, dass er doch nicht erfüllt wird. Bei diesen Sitzungen musst du alle negativen Vorstellungen ignorieren und an deinen Erfolg glauben. Das geht nur durch Üben.

Dafür gibt es zahlreiche Methoden, doch am leichtesten ist es wohl, alle negativen Gedanken auf zweierlei Art mit Hilfe der Vorstellungskraft beiseite zu schieben.

> Erwarte zuerst die Erfüllung deines Wunsches beziehungsweise nimm sie vorweg. Stelle dir vor, das Gewünschte sei schon unterwegs zu dir. Stelle dir dann eine Zeit lang vor, du besäßest es schon.

Das ist weder Firlefanz noch eine sinnlose Beschäftigung, sondern sozusagen eine wissenschaftliche Garantie dafür, dass du alles bekommen wirst, was du dir wünschst. Kreatives Denken funktioniert, weil du deinem Unterbewusstsein Bilder schickst, die von positiven Anweisungen gestützt werden. Diese Bilder sind Symbole, weil sie eine Idee verkörpern. Es gibt viele verschiedene Symbole, aber du brauchst nicht so sehr ins Detail zu gehen, sondern dich nur mit zwei Arten zu befassen: mit den bereits erwähnten Vorstellungsbildern und den abstrakten Symbolen.

In der Magie kann man mit vielen unterschiedlichen abstrakten Symbolen arbeiten. Du brauchst dich nur mit dem Meistersymbol zu beschäftigen – dem Wotanskreuz (siehe Abbildung 1). Dieses aussagekräftige Symbol lässt sich vielfach einsetzen, hauptsächlich als Schlüssel zur Macht des Unterbewusstseins. Es gibt den magischen Kreis an, in dem du arbeiten musst, um möglichst große Erfolge zu erzielen. Vergiss diese ganzen Szenen, in denen Hexen in einem magischen Kreis stehen und Dämonen und andere astrale »Bösewichter« vertreiben. Das ist absurd!

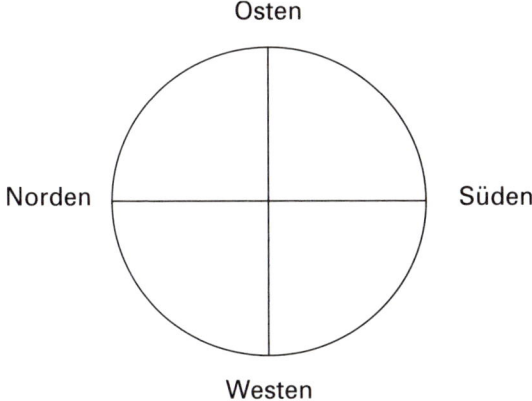

Abb. 1: Das Wotanskreuz

Beim Erstellen des Wotanskreuzes befindet sich der magische Osten immer vor dir, du brauchst ihn also nicht nach der tatsächlichen Himmelsrichtung auszurichten.

Ein magisches Ritual vereint im besten Fall all jene Elemente, die nötig sind, um das Unterbewusstsein zu beeinflussen. Ganz wichtig sind kreatives Denken, das der Absicht und der eingesetzten Energie entsprechende Zubehör und natürlich die richtige Symbolik. Abgesehen vom Gebrauch abstrakter Symbole sollte auch das Zubehör symbolisch sein. Mit anderen Worten, es muss irgendeine Vorstellung verkörpern. Beispielsweise deine persönliche Kerze, die für dein Selbst steht und daher symbolischen Charakter hat. Auf diese Dinge werde ich später noch genauer eingehen.

Dein erstes Ritual

Für dein erstes Ritual brauchst du deine persönliche Kerze und vier etwa zwei Zentimeter dicke normale Kerzen, die die vier Tore der Macht darstellen. Es sind dies

1 gelbe Kerze für den Osten und das Element Luft
1 rote Kerze für den Süden und das Element Feuer
1 blaue Kerze für den Westen und das Element Wasser
1 grüne Kerze für den Norden und das Element Erde

Du kannst die Kerzen, wie in Abbildung 2 dargestellt, auf deinem Altar anordnen. Wie gesagt, brauchst du dabei nicht auf die eigentlichen Himmelsrichtungen zu achten. Der magische Osten befindet sich, symbolisch gesehen, immer vor dir.

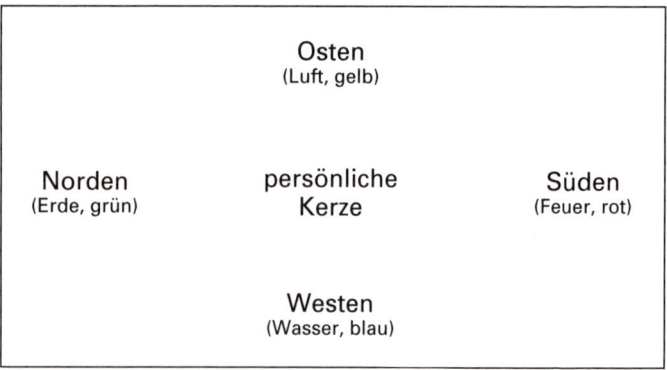

Abb. 2:   Elemente-Kerzen am Tor der Macht

Zweck dieses Rituals ist es, dich mit der magischen Einleitungsprozedur vertraut zu machen und ein symbolisches Fundament zu errichten, auf dem du deine magischen Fähigkeiten entfalten kannst. Ordne zunächst deine Utensilien auf dem Altar an, und entspanne dich dann. Wenn du bereit bist, eröffne das Ritual. Eröffnung und Abschluss des Rituals sind für seinen Erfolg ganz entscheidend. Sie wirken als positiver Ein-Aus-Schalter, den das Unterbewusstsein erkennen und auf den es reagieren kann.

Dieses Ritual wird in der Vorstellung vollzogen. Dazu brauchst du dir nur vorzustellen, dass sich vor dir eine stabile Tür mit dem Wotanskreuz darauf befindet. Stelle dir vor, die Tür öffnet sich und du trittst durch sie ein. Entzünde als Nächstes deine persönliche Kerze, die symbolisch für deine innere Macht (dein Unterbewusstsein) steht. Betrachte sie eingehend und lasse dir die Ideen, von denen in diesem Kapitel die Rede war, eine Zeit lang durch den Kopf gehen. Stelle dir jetzt vor, du stündest in der Mitte eines riesigen Wotanskreuzes aus gleißendem Licht. Streng dich nicht an, um es zu sehen. Du kannst dich leichter konzentrieren, wenn du dir mit einem kurzen Satz behilfst, der wie ein Befehl klingt, etwa: »Kreis des Kosmos – erscheine.« Lass diesen Kreis in deiner Imagination entstehen. Das ist das Grundgerüst des echten magischen Kreises, den du später weiter ausbauen wirst.

Stelle dir dann die vier Elemente vor. Du brauchst die Komplexität des vierfachen Machtsystems, das allem innewohnt, nicht zu verstehen. Es genügt, wenn du es dir in deiner Phantasie symbolisch vergegenwärtigst. Lasse dazu eine andere Tür direkt vor dir entstehen. Sie ist gelb und repräsentiert die Macht des Elementes Luft. Du siehst, wie sie sich öffnet und leuchtend gelbes Licht in deinen Tempel fällt. Entzünde nun die gelbe Kerze, die natürlich ein Symbol für diese Macht ist.

Stelle dir nun eine rote Tür vor, die Tür des Elementes Feuer. Sieh, wie sie sich öffnet und rotes Licht in deinen Tempel strömt. Entzünde die rote Kerze, um diese Macht kenntlich zu machen. Stelle dir sodann eine blaue Tür vor, die Tür des Elementes Wasser. Sieh, wie sie sich öffnet und blaues Licht in den Tempel strömt. Entzünde die blaue Kerze, um dies kenntlich zu machen. Sieh schließlich eine grüne Tür vor dir, die dem Element Erde entspricht. Öffne sie und lasse grünes Licht in den Tempel fallen. Entzünde abschließend die grüne Kerze, die dieses Element verkörpert.

Dein Tempel ist nun symbolisch geöffnet und für die eigentliche magische Arbeit bereit. Jetzt solltest du etwas Räucherwerk oder Räucherstäbchen verbrennen und deine Wünsche und das bisher Gesagte überdenken. Anders ausgedrückt, setze kreatives Denken ein und beachte, dass »Input = Output« ist (oder, anders gesagt: »Übung macht den Meister«). Je öfter du diesen Eröffnungsvorgang wiederholst, desto besser ist es, weil du dein Unterbewusstsein mit Hilfe eines ihm verständlichen Symbolmusters zum Handeln anregst.

Zum Schluss musst du das Ritual abschließen. Das geht ganz einfach, denn es ist lediglich die Umkehrung der Eröffnung. Stelle dir als Erstes vor, wie sich die östliche Tür (Luft) fest schließt, und lösche dann die gelbe Kerze. Mache dasselbe mit der südlichen (roten), der westlichen (blauen) und der nördlichen (grünen) Tür, und zwar in dieser Reihenfolge. Nun brauchst du nur noch deine persönliche Kerze zu löschen und ins normale Bewusstsein zurückzukehren. Wichtig ist dabei, den Impuls des Rituals mit einem anderen Befehl umzukehren, zum Beispiel: »Kreis des Kosmos – entferne dich.« Sieh nun, wie du durch die Tür gehst, durch die du gekommen bist. Sieh, wie sich diese Tür fest schließt. Der Abschluss ist vollzogen.

Führe diese Übung möglichst einmal am Tag durch, bis du das Gefühl hast, sie zu beherrschen. Wende dich dann dem nächsten Kapitel zu, in dem du diese Vorstellungen weiterentwickeln wirst.

3

Die magische Kugel

Seit der zweiten Hälfte des 20. Jahrhunderts erweitert sich unser Bewusstsein, und unsere Technologie entwickelt sich rasend schnell weiter. Mit Hilfe der Wissenschaft schütteln wir die Fesseln religiöser Dogmen ab, doch um die großartige Wissenschaft der Magie ist es immer noch schlecht bestellt, weil sie als unglaubwürdig gilt. Schuld daran ist das mangelnde Wissen um magische Grundlagentechniken. Es gibt nur wenig zusammenhängende Informationen über die Wirkungsweise der Magie. Wenn du mit Magie arbeiten willst, musst du Übung darin haben und ihre Grundlagen genauso erlernen wie bei jedem anderen Wissensgebiet auch. Es würde dir beispielsweise doch nicht im Traum einfallen, ein Haus ohne Plan zu bauen oder eine lange Reise ohne Landkarte anzutreten. Du könntest das zwar tun, aber stelle dir vor, wie viel Zeit und Mühe dies erfordert, ganz zu schweigen von den Kosten. Genauso ist es auch mit der Magie. Du brauchst neben der Kenntnis der Grundlagentechniken auch einen Handlungsplan.

Das Wotanskreuz

Symbole sind die Schlüssel, die die Tore zur Macht öffnen, und daher musst du dich mit Symbolik befassen, wenn du einen realistischen Plan entwerfen willst, der dir Erfolg bei der magischen Arbeit beschert. Das Meistersymbol ist das Wotanskreuz (siehe Abbildung 1, Seite 39). Wie die gedruckte Schaltung eines Elektroingenieurs ist auch dieses Symbol ein Machtplan für diejenigen, die damit umzugehen wissen. Wir wollen uns dieses Symbol und seine Wirkungsweise nun etwas genauer ansehen.

Die Mitte

Der Mittelpunkt des Kreuzes steht für die Macht deines Unterbewusstseins oder auch deines inneren Selbst. Das innere Selbst ist nichts Geheimnisvolles; manchmal nennt man es auch »heiliger Schutzengel« oder »das wahre Selbst«. Es ist ganz einfach jener Teil von dir, der Macht vermittelt und mit allem verbunden ist, was existiert oder existiert hat. Man kann sich das Unterbewusstsein durchaus auf diese Weise vorstellen – zum Beispiel, um ein individuelles Bild zu verwenden –, nämlich als eine andere Art von Symbol. Im Christentum nahm das Bild eine düstere, unterdrückende Bedeutung an, was dazu geführt hat, dass Macht jetzt durch den Glauben eingeschränkt wird. Dinge gehen schief, wenn dieses Bild zu weit weggerückt wird und unantastbar erscheint, wie es bei den christlichen Bildern der Fall war. Wie du inzwischen weißt, wird alles wahr, woran du glaubst. Deshalb leben Millionen christlicher Denker in Angst. Wie viel besser wäre es doch, das Bild eines vollkommen wohlmeinenden Gottes aufzubauen, der dir alles gewährt, was du dir jemals wünschst, und der all deine Fragen beantwortet! Deine Idee (dein Bild) von Gott bestimmt, was du bekommst, denn die Schöpfung (Gott) kann nur das bereitstellen, was im Einklang mit deinen Glaubensüberzeugungen steht. Genau das Gleiche wird vermutlich mit allen anderen individuellen Bildern passieren, ganz egal, ob es Götter, Engel, Dämonen, Geistwesen sind oder natürlich dein inneres Selbst.

Der Punkt ist, dass man nur förderliche Bilder einsetzen soll, die keine Einschränkungen beinhalten. Wie einengend ist doch die irrige Annahme, Dinge lägen jenseits deiner begrifflichen Fähigkeiten oder seien erhaben und deshalb unerreichbar oder mächtiger als du, so dass du zu Kreuze kriechen, Opfer bringen oder Zugeständnisse machen musst, um ihre Gunst zu erlangen. Glaube bloß nicht, dass Dinge Macht über dich haben. Das ist ein ganz gefährlicher Irrtum, der noch dazu leider sehr weit verbreitet ist.

Die Macht der Mitte gehört dir. Sie ist weder weit entfernt, noch ist es schwierig, mit ihr in Kontakt zu kommen. Ganz gewiss brauchst du dich nicht herabzusetzen, um sie zu benutzen, weil sie ein Teil von dir ist. Gehe mit der zentralen Macht deines Unterbewusstseins realistisch um, indem du dir positive und vor allem förderliche Glaubenssätze aneignest. Damit öffnest du die Kanäle der Macht, statt sie durch haltlose Glaubenssätze und Aberglauben zu blockieren.

Das Kreuz

Dieses antike Symbol hat rein gar nichts mit dem christlichen Symbol des Kruzifixes zu tun; vielmehr ist es ein Symbol von Macht in Aktion, welche sich von der Mitte aus auf die vier Pfade zu bewegt, die die Balken des Kreuzes bilden. Man könnte das Kreuz am ehesten mit den Drähten oder Schaltungen vergleichen, die elektronische Komponenten miteinander verbinden und Elektrizität zum Fließen bringen. Jeder Pfad des Kreuzes wird, so heißt es, von einem Element beherrscht (Luft, Feuer, Wasser und Erde). Diese ähneln nur entfernt ihren physischen Entsprechungen und sollten eher als vier verschiedene Möglichkeiten betrachtet werden, wie Macht zum Ausdruck gebracht werden kann.

Man braucht über die Komplexitäten dieser Elemente nicht zu diskutieren. Es genügt anzuerkennen, dass sie – wenngleich auf symbolischer Ebene – existieren und es dem Unterbewusstsein gestatten, durch diese vier Kanäle zu wirken. Kurz gesagt: Wenn du dir vergegenwärtigst, dass die Macht durch ihre natürlichen Elemente-Kanäle fließt, dann wird das Unterbewusstsein reagieren, und das natürlich umso besser, wenn du die Elemente akzeptierst, statt sie zu ignorieren.

Der Kreis

So wie der Mittelpunkt für den Anfang steht, so ist der Kreis das Ende und verkörpert Vollendung. Alles, was von der Mitte erschaffen wurde, ist im Kreis enthalten. Das ganze Leben lang bilden sich Kreise, größere oder kleinere. Sieh dich nur einmal um! Kreise vereinen Dinge und schließen gleichzeitig alles aus, was nicht mit dem Thema der Mitte übereinstimmt – enge Freundschaftskreise, Hexenzirkel und so weiter. Daher umfassen Kreise und schließen zugleich aus. Dieses Wissen wird in der Magie verwendet. Man denkt dabei – anders als früher – nicht mehr an einen so genannten magischen Kreis, in dem man steht und dabei Scharen von Dämonen Widerstand leistet, sondern man denkt in eher wissenschaftlichen Kategorien.

Das Unterbewusstsein versteht die inneren Wahrheiten des Kreises vollkommen. Deshalb genügt es, dies symbolisch zu sehen, damit dir seine Mitarbeit sicher ist. Darüber später mehr. Wenn du dir allerdings merkst, dass der magische Kreis keine Schutzfunktion hat, dann kannst du nicht viel verkehrt machen.

Das Wotanskreuz ist aus vielerlei Gründen eine passende Grundlage, denn nicht nur das Unterbewusstsein erkennt dies und reagiert darauf, sondern das Kreuz birgt in seinem schlichten Entwurf viele Geheimnisse, die es zu einem hervorragenden Meditationsthema machen. Wir wollen uns nun aber wieder praktischeren Dingen zuwenden, nämlich der Frage, wie man das Symbol innerhalb des rituellen Kontextes verwendet.

Die magische Kugel

In Kapitel 2 habe ich das Wotanskreuz als den magischen Kreis beschrieben, in dem du arbeiten kannst. Ich habe auf die symbolische Bedeutung von Kerzen hingewiesen. Du wirst diesen Plan nun ausbauen. Das Wotanskreuz war bisher eine zweidimensionale Zeichnung und kann als solche wertvolle Dienste leisten. Doch so, wie du in einer dreidimensionalen Welt lebst, musst du jetzt eine ähnliche symbolische Grundlage für die magische Praxis schaffen. Du gehst also vom zweidimensionalen Kreis zu einer dreidimensionalen Kugel über. Die folgende Prozedur sieht komplizierter aus, als sie ist. Mit ein wenig Geduld erzielst du damit Ergebnisse, die sicher den Aufwand lohnen.

Stufe 1

Dies ist einfach eine Übung, um die Prozedur kennen zu lernen. Du kannst sie auslassen, sobald du die Grundtechnik erlernt hast.

Beginne wie immer, indem du dich entspannst und deinen Kopf von allen banalen Gedanken frei machst. Stelle dir dann einen hellen Lichtpunkt in dir vor, ungefähr auf der Höhe des Herzens. Sieh, wie eine Lichtsäule zu einer angemessenen Höhe (1,80 bis 2,40 Meter) aufsteigt und dabei den ersten Pfad und den obersten Punkt der Kugel bildet (siehe Abbildung 3, Seite 51). Mache dasselbe nach unten, um den zweiten Pfad zu bilden und die Basis der Kugel aufzubauen. Beginne nun, die Balken des Kreuzes zu bilden, indem du dir vorstellst, dass sich ein Lichtstrahl von der Mitte aus ähnlich weit in Richtung magischer Osten erstreckt, der natürlich vor dir liegt. Wiederhole dies mit dem magischen Süden (rechts), dem magischen Westen (hinten) und schließlich mit dem magischen Norden (links). Nun brauchst du nur noch die Kugel zu vervollständigen, indem du die dreifachen Ringe des Kosmos hinzufügst.

Der erste Ring beginnt am obersten Punkt. Du kannst ihn dir als Lichtring vorstellen, der gegen den Uhrzeigersinn durch den südlichen, den untersten und nördlichen Punkt und dann wieder nach oben verläuft. Auch der zweite Ring beginnt oben, aber diesmal bewegt er sich durch den östlichen, den unteren und den westlichen Punkt und wieder zurück nach oben. Der dritte und letzte Ring ist der magische Kreis, den du bereits kennst. Er beginnt am östlichen Punkt und verläuft im Uhrzeigersinn durch den südlichen, westlichen und nördlichen Punkt und dann wieder zurück nach Osten. Die magische Kugel ist jetzt fertig. Um das Ritual abzuschließen, drehst du die Prozedur einfach um, sodass du am Ende siehst, wie das Licht in der Mitte verschwindet.

Bemühe dich nicht krampfhaft, dir dieses Bild zu merken. Folge den Anweisungen zum Gebrauch der Vorstellungskraft in Kapitel 2, entspanne dich und stelle dir vor, die Kugel baut sich um dich herum auf. Dein Unterbewusstsein wird verstehen, was du tust, weil du kreativ denkst. Kinder besitzen die Gabe der Vorstellungskraft, und es fällt ihnen kaum oder gar nicht schwer, in anderen Welten zu leben. Sie wissen, wie man so tut als ob. Es ist nicht schlimm, so zu tun als ob, solange man es konstruktiv tut. Tu so, als errichtetest du die magische Kugel, und löse dich von allen Einschränkungen, die dir einreden wollen, das sei Unsinn. Ich versichere dir, dass es das nicht ist. Vielmehr wirst du feststellen, dass diese Technik auch in vielen Büchern zum Thema Geisteskräfte empfohlen wird, die dir raten, so zu handeln und zu denken, als sei das Gewünschte bereits in deinem Besitz. Das ist vielleicht eindeutig Psychologie, aber ist nicht auch sie eine positive Form von »So tun als ob«?

Mache diese Übung mehrmals, bevor du mit Stufe 2 beginnst. Nimm dir Zeit dafür, bis du mit der Kugel und ihrem Aufbau vertraut bist. Wenn du dir sicher bist, dann gehe zu Stufe 2.

Stufe 2

Auf dieser Stufe bewegst du dich in die Bereiche magischer Rituale, und zwar nicht nur durch den Aufbau des Symbols, sondern auch durch den Gebrauch von Gegenständen, die die Kugel symbolisieren. Das verstärkt die Wirkung auf unterbewusster Ebene. Natürlich wirst du die Kerzen als Konzentrationshilfe benutzen. Für dieses Ritual brauchst du die Utensilien, wie sie in der praktischen Arbeit mit dem Kreis der Macht beschrieben sind (siehe Seite 40). Du solltest sie dir vorher zurechtlegen und dich völlig entspannen, bevor du beginnst.

Stelle dir vor, das innere Licht wird immer heller und stärker. Lasse dir Zeit und mache dir klar, dass dies dein Unterbewusstsein in Aktion darstellt. Denke darüber nach, während du deine Gedanken zu allem wandern lässt, was ich über das Unterbewusstsein und sein Potenzial geschrieben habe. Zünde die mittlere Kerze an, die jetzt diese innere Macht symbolisiert. Anders gesagt, hast du jetzt die physische Verkörperung dieser Macht und nicht nur eine schlichte Kerze vor dir. Stelle dir vor, dass von der Flamme ein Lichtstrahl nach oben steigt, der den ersten Pfad bildet und oben auf der Kugel endet. Stelle dir genauso einen Lichtstrahl vor, der nach unten verläuft und dabei den zweiten Pfad bildet. Die mittlere Achse ist jetzt komplett.

Konzentriere dich nun wieder auf die Flamme und sieh, wie

> ein Lichtstrahl in Richtung magischer Osten verläuft. Zünde
> die gelbe Kerze an, um diesen Punkt zu symbolisieren. Mache
> genau dasselbe mit den anderen drei Balken des Kreuzes,
> indem du jedes Mal der Reihe nach die entsprechende Kerze
> anzündest. Die magische Kugel ist jetzt fertig.

Diese ganze Prozedur nennt man auch das Öffnen des Tempels. Sobald du mehr Übung hast, wird sie dir dabei helfen, dein Unterbewusstsein darüber zu informieren, dass du magisch arbeiten willst. Das Öffnen (und Schließen) des Tempels sollte bei keiner magischen Arbeit fehlen, wenn du wirklich gute Fortschritte erzielen und gleichzeitig Probleme vermeiden willst. Dein Ziel ist Kontrolle. Magie ohne Kontrolle ist sowohl sinnlos als auch selbstzerstörerisch. Wie in den vorangegangenen Übungen schließt du den Tempel, indem du die Prozedur umkehrst, alles aufräumst und ins normale Leben zurückkehrst.

Das Öffnen des Tempels versetzt dein Unterbewusstsein nämlich in einen Zustand der Bereitschaft für alles, was noch kommen wird – die eigentliche magische Arbeit. Allerdings gibt es einen Zwischenschritt, der die magische Kugel auf ganz besondere Weise aktiviert. Er ist nicht besonders schwierig, erfordert allerdings etwas Übung. Du brauchst dazu kein Extrazubehör – alles spielt sich in der Vorstellung ab.

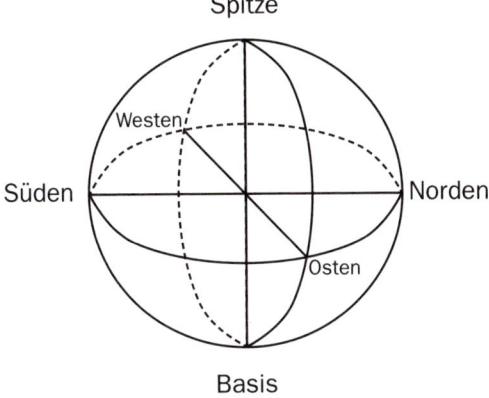

Abb. 3:   Die magische Kugel

Der innere Tempel

Wenn du den Tempel mit den magischen Kreisen geöffnet hast,
kannst du jetzt eine wenig bekannte Technik anwenden, die sich
eines inneren Tempels bedient. Dies ist ein Phantasietempel, der
nur in deiner Vorstellung existiert, doch er stellt eine sehr wertvolle und starke magische Hilfe dar.

Richte deine Aufmerksamkeit auf den obersten Punkt der
magischen Kugel, und stelle dir vor, du sähest eine Krone. Sie
kann verziert oder schlicht sein, ganz wie du möchtest. Lasse
dich von einer Vorstellungskraft leiten, wie sie aussieht. Deine
eigenen Ideen zählen, und nicht etwas, was du von anderen
abgeschaut hast. Dieser Punkt stellt die ausströmende Macht
grenzenloser Intelligenz und Lebenskraft, auch bekannt als
Gott, dar. Du solltest sie als eine positive Vater-Kraft betrach-

ten und als überquellende und förderliche Energie visualisieren, die in den Tempel herabströmt. Am Boden der Kugel stellst du dir ein anderes Symbol vor: einen harten Felswürfel, der die Erde-Mutter symbolisiert. Stelle dir fruchtbare Erde mit der Fülle des Wachstums in Mutter Natur vor, und versuche, die gewaltige Energie der Erde zu spüren, die zu deiner Unterstützung aufsteigt.

Richte sodann deine Aufmerksamkeit auf den magischen Osten. Sieh eine gelbe Tür, auf der das Symbol eines Schwertes prangt. Stell dir vor, du berührtest diese Tür und sie öffnet sich mühelos, wobei sie den Blick auf die aufgehende Sonne in der Morgendämmerung freigibt. Lass eine sanfte Brise in den Tempel wehen und versuche zu spüren, wie die Luft sanft an deiner Haut entlang streicht. Setze dazu deine Vorstellungskraft ein. Öffne die Tür und sieh das volle Licht der Sonne zur Mittagszeit. Spüre die Wärme der Sonne auf deinem Gesicht und deinem Körper. Richte deine Aufmerksamkeit nun auf den magischen Westen, wo es eine blaue Tür gibt, auf der das Symbol eines Kelchs zu sehen ist. Öffne diese Tür, sieh die untergehende Sonne in der Abenddämmerung, und spüre die Kühle des Abends. Blicke schließlich zum magischen Norden, wo du eine grüne Tür mit einem runden Schild darauf siehst. Male dir den Gegenstand auf dem Schild aus (ein goldenes Wotanskreuz auf schwarzem Hintergrund hilft dir in diesem Stadium). Öffne die Tür und sieh einen klaren, von Sternen erhellten Nachthimmel, und spüre dabei den Frieden und die Ruhe der Nacht.

Diese Übung intensiviert deinen Kontakt mit den Lebensenergien, indem sie den bereits bestehenden Plan um zusätzliche Symbole ergänzt. Wie gesagt, dein Unterbewusstsein wird diese Symbole erkennen, sofern du sie sorgfältig und geduldig eingeübt hast. Das Endergebnis soll eine effektivere Kontrolle sein. Um aber aus der magischen Arbeit möglichst großen Nutzen zu ziehen, brauchst du noch ein Stück Information, die ganz einzigartig, originell und vielen Praktizierenden unbekannt ist.

Wenn du die magische Kugel und die vier Elemente-Tore hast entstehen lassen, verfügst du über einen Grundplan, der dir ganz sicher nützt, sofern du ihn sinnvoll einsetzt. Das Einzige, was in diesem Plan fehlt, ist etwas, womit du dir die Mitte symbolisch vorstellen kannst. Die Vorteile liegen auf der Hand: Da die Mitte das Unterbewusstsein *ist*, wird alles, was dieses symbolisiert, massiven Einfluss haben, vorausgesetzt, du setzt es richtig ein.

Du hast also die vier Tore wie beschrieben geöffnet und musst dir jetzt nur noch vorstellen, du stündest in einem magischen Tempel. Die Form, die Größe und der Dekor sind allein dir überlassen. Das ist wichtig, weil ein innerer Tempel individuell sein muss – er muss dein eigener sein. Mache dir dazu eine Weile Gedanken und gestatte dir viel Spielraum, denn Tempel gibt es viele, und sie sind ganz unterschiedlich. Manche Menschen lassen sich dabei gern von der Vorstellung einer Kirche oder Kathedrale leiten, andere bevorzugen ein Schloss, eine Pyramide oder auch einen Steinkreis. Nimm dir Zeit und lasse die Ideen vor deinem geistigen Auge Gestalt annehmen.

Dies muss natürlich nicht im Rahmen eines Rituals stattfinden; du kannst das jederzeit machen. Die einzige Bedingung ist, dass dein innerer Tempel, egal wie er aussieht, vier Tore, die den Elementen entsprechen, und in der Mitte einen magischen Wasserteich haben sollte. In unserem Beispiel könnte dieser symbolische Teich rundherum mit Ornamenten und Zeichnungen verziert sein. Aus dem Teich strömt ununterbrochen Wasser, das in leuchtend bunten Farben funkelt. Alle Regenbogenfarben sind in diesem Wasser enthalten, ja man kann jede Farbe sehen, die jemals existiert hat oder jemals existieren wird. Der Teich symbolisiert dein Unterbewusstsein, und die Wasser sind die Wasser des Lebens. Man kann wohl zu Recht behaupten, dass zwei Menschen niemals dieselben Vorstellungen oder visuellen Bilder von einem inneren Tempel haben. Ein jeder ist anders, da sich niemals zwei Menschen gleichen. Daher kann ich dir keine genauen Anweisungen zu Form und Aussehen deines Tempels geben. Aber ich kann dir helfen, deinen eigenen Weg zu finden, indem du diese eigens dafür erarbeitete Übung als innere Reise benutzt. Diese Übung hilft dir dabei, auf ganz besondere Weise mit deinem Unterbewusstsein Verbindung aufzunehmen, was dann dazu führt, dass es dir Ideen und Bilder schickt, durch die du dich in diesen immens wichtigen Bewusstseinszustand versetzen kannst.

Du brauchst dazu nur einen ruhigen Raum, in dem du allein bist, oder einen Tempel. Entspanne dich und säubere deinen Geist von alltäglichen Gedanken. Führe dann einfach die folgende Übung durch. Versuche nicht, krampfhaft zu visualisieren, sondern denke einfach an die innere Reise, während du deine Vorstellungskraft für dich arbeiten lässt.

Reise zum inneren Tempel

Atme langsam und leicht. Entspanne dich, lasse alle Gedanken des Alltagslebens hinter dir. Denke nur an die aufregenden Möglichkeiten, die vor dir liegen, während du an einen besonderen Ort reist – einen Ort, der ganz tief in deinem Geist liegt. Dies ist ein besonderer Ort, er gehört dir und niemand anderem. Niemand hat dort Zutritt, außer jenen wenigen, die du aus ganz persönlichen Gründen dorthin einladen möchtest. An diesem Ort herrschst du, bist du der Meister, du lenkst und du empfängst. An diesem Ort sind natürliche Kräfte im Überfluss vorhanden. Du kannst sie nutzen und verstehen, denn sie sind ein Teil von dir. Sie sind die Lebenskraft und gestalten Dinge nach deinen Anweisungen. Entspanne dich und lasse das gewaltige Potenzial deines Unterbewusstseins für dich arbeiten, denn dies ist das Geheimnis jeder magischen Arbeit. Vertraue und glaube an die Macht in dir.

Vor dir befindet sich eine Tür, die zu diesem besonderen Ort, deinem inneren Tempel, führt. Es ist nicht schwierig, durch sie einzutreten, weil es deine Tür zu deiner eigenen inneren Realität ist. Niemand kann den Zugang zu diesem inneren Reich verhindern, und du brauchst nichts zu befürchten, denn dort kann niemals etwas Böses existieren. Gehe in deiner Vorstellung auf die Tür zu und achte dabei auf ihre Aufschrift, die lautet: »Wenn Menschen die heiligen Tabus der Natur verletzen, setzen sie das Instrument zu ihrer eigenen Vernichtung in Gang.« Strecke nun deine Hand aus und berühre die Tür. Sie lässt sich ganz leicht öffnen. Wenn du hindurchgehst, stehst du in einem großen quadratischen Raum. In den Boden ist das Symbol des Wotanskreuzes eingelassen. Es scheint aus purem Licht zu bestehen, und seine Farben verändern sich unentwegt in einem Muster, das nur vermeintlich zufällig ist. Denn die Farben verändern sich mit den Gezeiten der Natur.

Nun kommst du zu einem magischen Wasserteich in der Mitte dieses Tempels. Dies ist ein zentrales Symbol, das aus den unterschiedlichsten Gründen, die den Rahmen dieses Buches sprengen würden, Gültigkeit besitzt. Sei aber versichert, dass dieses Symbol eine bedeutende Rolle beim Erfolg deiner magischen Arbeit spielen wird. [Der Einsatz dieses Teichs wird in Kapitel 4 und bei der praktischen Arbeit auf Seite 75 ausführlich besprochen, wo diese einfache Vorstel-

lung an einem praktischen Beispiel wirkungsvoll vorgeführt
wird.]
  In alle vier Wände ist eine Tür eingelassen. Du kannst ganz
nach Belieben durch jede von ihnen hindurchgehen. Die
Wand direkt vor dir hat eine gelbe Tür mit einem Schwert
darüber. Wenn du sie berührst, öffnet sie sich und gibt den
Blick frei auf einen Pfad, der auf die aufgehende Sonne der
Morgendämmerung zuführt. Du spürst, wie eine sanfte Brise
zart deine Haut berührt.[1] Zu deiner Rechten befindet sich eine
rote Tür mit einem Zauberstab darüber. Wenn du diese Tür
berührst, öffnet sie sich und gibt den Blick frei auf einen Pfad,
der von der Mittagssonne erhellt wird. Spüre die Wärme des
Sommertags. Hinter dir befindet sich eine blaue Tür mit einem
Kelch darüber. Wenn du diese berührst, öffnet sie sich und
gibt den Blick frei auf einen Pfad, der sanft zum Meer hin
abfällt, das von der untergehenden Sonne beschienen wird.
Spüre die Kühle des Abends. Zu deiner Linken schließlich
siehst du eine grüne Tür mit einem magischen Schild darüber.
Wenn du sie berührst, öffnet sie sich und zeigt dir einen Pfad,
der nur vom Licht der Sterne erhellt wird. Spüre den Frieden
und die Ruhe der Nacht. Alle vier Türen sind nun geöffnet.
Betrachte jetzt den Teich in der Mitte. Es ist kein gewöhnlicher
Teich. Das Wasser ist kein richtiges Wasser, sondern Kraft und
Energie. Später wirst du erfahren, wie du sie einsetzen kannst.
  Du stehst nun im inneren Tempel. Dies ist ein uralter Ort,
den viele vor dir bereist haben und es auch nach dir tun
werden. Denn dort gibt es besondere Dinge zu entdecken.
Andere haben sich auf die Suche gemacht und ihren eigenen
Platz gefunden. Das musst du jetzt auch tun. Es ist nicht

---

1 Wenn du der Macht Zutritt zu deinem inneren Tempel gewährst, kannst du –
   wie im obigen Beispiel – geografische Metaphorik oder abstrakte Farben, wie
   auf Seite 40 beschrieben, benutzen.

schwer, sondern viel einfacher, als du denkst. Du brauchst es dir nur zu wünschen, und dann wirst du diesen Ort finden. Ich kann ihn dir nicht genau beschreiben, denn du bist der Einzige, der weiß, wo er ist und wie er aussieht. Es könnte eine Höhle sein, ein verborgener Hain, ein Tempel auf dem Gipfel eines Berges oder tief unter der Erde. Suche, dann wirst du ihn finden. Es ist jetzt Zeit, diesen besonderen Ort zu verlassen. Bewahre die Erinnerung an ihn tief in dir. Du kannst, sooft du willst, dorthin zurückkehren, denn dieser Ort gehört dir. Er birgt viele Geheimnisse und einen großen magischen Wissensschatz. Vor dir siehst du eine weitere Tür, in deren Holz tief ein Wotanskreuz eingraviert ist. Berühre diese Tür in deiner Vorstellung, sieh, wie sie sich öffnet, gehe hindurch, und dann befindest du dich wieder in deiner eigenen Welt.

Am besten wäre es, du notiertest diese Innenwelt-Erfahrungen. Du brauchst aber keine ausführlichen Aufsätze zu schreiben. Kurze Notizen genügen schon. Eines Tages werden sie sich vielleicht als sehr wertvoll erweisen, selbst wenn sie im Augenblick anscheinend nicht sehr viel Sinn ergeben. Oft sieht es so aus, als seien Bilder aus den Tiefen des Unterbewusstseins schwierig zu übersetzen, weil du gerade eine neue Sprache lernst – die Sprache der Symbolik. Wenn du aber am Ball bleibst, wirst du irgendwann das Wesen des Unterbewusstseins begreifen. Wenn du mit dieser inneren Reise vertraut geworden bist und jenen besonderen Ort, deinen inneren Tempel, gefunden hast, kannst du daraus ein Ritual machen, indem du die dreifachen Ringe des Kosmos wie beschrieben aufbaust. Dann betrittst du mit Hilfe deiner Vorstellungskraft den dir inzwischen vertrauten inneren Tempel.

Bei deiner magischen Arbeit innerhalb dieses Rahmens wirst du eine deutliche Verbesserung feststellen, weil du unmittelbar, auf ganz persönliche Weise, mit deinem Unterbewusstsein zu tun hast. Der innere Tempel wird dich vieles lehren, in einer Weise, die sich nur schwer beschreiben lässt, sofern du den Willen und die Geduld aufbringst, ihn zu finden. Hast du ihn dann gefunden, behalte es für dich. Halte ihn geheim, denn dieser Ort soll nicht zum allgemeinen Gesprächsthema werden.

Sich zwei Dinge gleichzeitig vorstellen

Wie ist es möglich, die magische Kugel vor deinem geistigen Auge zu sehen, während du dir etwas anderes vorstellst, zum Beispiel die Öffnung der magischen Kugel oder die vier Tore und den Teich in der Mitte? Anders gesagt: wie kannst du dir zwei Dinge gleichzeitig vorstellen?

Alles ist eine Frage des Gedächtnisses. Sich mehrere verschiedene Dinge gleichzeitig vorzustellen wäre natürlich schwierig, wenn nicht unmöglich. Zum Glück brauchst du das nicht zu tun. Während du deine magische Kugel aufbaust, verankerst du jeden Teil davon in deinem Gedächtnis, gehst dann zur nächsten Stufe über und konzentrierst dich nur auf das Notwendige. Beginne beispielsweise mit dem zentralen Licht und stelle dir vor, es existiere. Gehe dann zur nächsten Stufe über und stelle dir den ersten der sechs Kreuzbalken vor. Du brauchst das Bild des zentralen Lichts nicht ständig in deiner Vorstellung aufrechtzuerhalten, weil man ja davon ausgeht, dass es existiert. Und es existiert tatsächlich – in deinem Gedächtnis. So ähnlich handhabst du es ja auch im Alltagsleben. Stelle dir beispielsweise vor, du stehst in einem Raum, gegenüber von einem Fenster. Du siehst dieses Fenster ganz deutlich. Wenn du dich zur gegenüberliegenden Wand umdrehst, siehst du natürlich diese Wand. Aber du weißt immer noch, dass es das Fenster gibt, weil du es gerade gesehen hast. Ja, du kannst es dir sogar in deine Vorstellungskraft zurückrufen, weil sein Bild in deinem Gedächtnis verankert ist.

So ähnlich weißt du, sobald du mit dem Raum vertraut geworden ist, wie er insgesamt aussieht, ohne ihn tatsächlich wirklich zu sehen.

Mit der magischen Kugel und dem inneren »Sehen« ist es genauso. Anders gesagt, setze deine Vorstellungskraft ein, um in deinem Gedächtnis einen Phantasieraum aufzubauen. Während des gesamten Aufbauvorgangs verankerst du jede Stufe in deinem Gedächtnis, bevor du dich auf den Teich in der Mitte konzentrierst, denn du weißt, dass die magische Kugel in deinem Gedächtnis existiert, weil du sie dort hast entstehen lassen.

Am Ende des Rituals musst du deinem Unterbewusstsein mitteilen, dass diese Bilder nicht mehr verankert sind. Deshalb ist die Abschlussprozedur so wichtig. Vergiss das nie, auch wenn die magische Kugel nur in deiner Vorstellung existiert und es ein Leichtes wäre, das Ganze als nutzlos abzutun – das ist es nicht. Jede bewusste Errichtung eines symbolischen Musters wirkt auf das Unterbewusstsein, weil es eine eindringliche Sprache benutzt, die das Unterbewusstsein versteht. Daher ist es notwendig, diese Symbole respektvoll zu behandeln und sie in der Praxis häufig einzusetzen.

Kerzen

Anregungen, wie wichtig es ist, eine Kerze anzuzünden und ein paar poetische Worte zu sprechen in der Hoffnung, die Götter möchten dir gewogen sein, kannst du getrost vergessen. Du brauchst gesunden Menschenverstand und musst die Sache mehr aus der wissenschaftlichen Perspektive angehen. Dabei kann dir dieses Buch eine sinnvolle Grundlage für dein Wachstum vermitteln.

Du hast in deiner Vorstellungskraft viel Zeit für die innere Arbeit aufgewendet. Diese imaginäre Arbeit ist der Schlüssel zum

Erfolg. Doch das ist nur ein Teil der Prozedur, wenngleich ein sehr wichtiger. Bei der anderen Hälfte der magischen Arbeit geht es um die Ausrüstung, die du als geistige Konzentrationshilfe benutzt. Kerzen stehen in diesem Buch natürlich im Mittelpunkt, und so gebe ich ein paar Ratschläge zu ihrer Verwendung. Zunächst einmal spielt es keine Rolle, aus welchem Wachs du die Kerzen herstellst. Lasse dich also nicht dazu überreden, unnötig teures Bienenwachs zu kaufen. Paraffinwachs ist für magische Kerzenrituale genauso gut geeignet. Wie die Kerzen aussehen sollen, ist dir überlassen. Suche sie dir immer sorgfältig aus. Denke über sie nach, statt bloß eine Packung Haushaltskerzen im Laden zu kaufen. Es gibt Kerzen in allen Formen, ein paar davon sind speziell für die magische Arbeit gedacht. Je mehr du über die Wahl deiner Kerze nachdenkst, umso besser wird das Endergebnis ausfallen – und das aus gutem Grund. Das Nachdenken stimmt dich bereits auf deine magische Arbeit und die wichtige Funktion ein, eine Beziehung zwischen dir und dem beabsichtigten Fokus, der Kerze, aufzubauen. Diese einfache Routineübung wird in vielen Fällen bei der magischen Arbeit ausgelassen. Doch sie hat aus unterschiedlichen Gründen einen tieferen Sinn. Stimmst du dich nämlich auf deine Magie und dein Zubehör ein, dann hast du mehr Erfolg. Betrachte es einmal so: Wenn du etwas »einfach so« kaufst, kannst du es wahrscheinlich nicht wertschätzen. Wählst du es aber sorgfältig aus und überdenkst deine Entscheidung gründlich, dann wird das Endergebnis sicher befriedigender und lohnender sein.

Vergiss nie, dass eine Kerze eine geistige Konzentrationshilfe ist. Sie hat auch symbolische Bedeutung, denn sie repräsentiert etwas Greifbares, sei es einen Wunsch, eine Person oder auch eine Art Energie. Wenn du (und dein Unterbewusstsein) nicht verstehst, was jede einzelne Kerze darstellt oder symbolisiert, dann wird dein Ritual so sinnlos sein wie der Versuch, Wasser in einem Sieb aufzufangen! In der Magie, und speziell in der Kerzenmagie, ist jede Kerze ein machtvolles magisches Instrument, nicht – wie man meinen könnte – weil die Kerze magisch ist, sondern weil sie auf Grund deiner Wahl und ihres Symbolgehalts zu etwas Besonderem wird. Das Entzünden einer Kerze hat auch deshalb symbolischen Charakter, weil du eine Absicht bekundet hast, die ein wesentlicher Bestandteil jener Kerze ist. Angenommen, du hast eine Kerze, die Heilung repräsentiert. Diese würdest du natürlich äußerst sorgfältig auswählen, je nach Art deines Wunsches und vielleicht je nach Art der Energie, die du einsetzen willst. Die Kerze an sich stellt daher eine Absicht dar, die derzeit noch tief schlummert. Wird die Kerze während eines Rituals angezündet, aktivierst du diese Absicht auf eine recht ungewöhnliche Weise. Du sagst nämlich zu deinem Unterbewusstsein: »Wenn ich diese Kerze anzünde, möge sich alles, was sie darstellt, erfüllen.« Du siehst jetzt, dass ein himmelweiter Unterschied zwischen dieser Vorgehensweise und den mittelalterlichen Praktiken besteht.

Magische und persönliche Öle

Magische und persönliche Öle sind vor und während eines Rituals vielseitig einsetzbar. Die Düfte, die zur persönlichen Salbung verwendet werden, unterscheiden sich je nach den Absichten des Einzelnen. Die einfachste Form des Salbens ist, ein Kreuz oder ein Zeichen auf Stirn und Handrücken zu zeichnen (siehe Liste der Entsprechungen auf der nächsten Seite).

Die folgenden Mischungen wurden eigens für die Salbungen zusammengestellt. Jede kann reine ätherische Öle, aromatische Essenzen und geeignete, hoch qualitative Trägeröle auf Nussbasis enthalten. Es ist allgemein bekannt, dass Düfte magische Energie anziehen können, da bestimmte Aromen stark an mediale Zustände und magische Macht erinnern. Verwende sie nicht auf empfindlicher Haut, reibe sie auch nicht ein. Am besten stellst du eine Mischung aus etwa fünf Teilen Alkohol auf einen Teil ätherisches Öl her. Ist die Mischung zu stark, gib noch etwas Alkohol hinzu. Am besten wirkt das Öl, wenn du es ein, zwei Monate ziehen lässt und jeden Tag aufschüttelst.

Sonne: Weihrauch-Öl
Mond: Jasmin-Öl
Merkur: Lavendel-Öl
Venus: Rosen-Öl
Mars : Benzoe-Öl
Jupiter: Sandelholz-Öl
Saturn: Moschus-Öl

Eine andere Art des Salbens ist das Aufladen oder das Weihen von Gegenständen, Talismanen, Siegeln oder Amuletten. Nachdem die entsprechende Macht in konzentrierter Form auf den Gegenstand übertragen wurde, wird sie mit einem Tupfer Öl versiegelt. Einen Talisman versiegelt man, indem man seine Mitte berührt; ein rituelles Messer (Athame), indem man Öl mit einem Strich der Länge nach auf die Klinge aufträgt.

Mit Öl kann man auch Kerzen auf unterschiedliche Art salben oder »bekleiden«. Die Spitze der Kerze ist der Docht, an dem man sie entzündet. Normalerweise hältst du die Kerzenspitze von dir weg. Willst du etwas oder jemanden zu dir heranziehen, solltest du die Kerze von oben nach unten, zu dir hin, salben. Willst du etwas oder jemanden aus deinem Leben verbannen, wird die Kerze von unten nach oben, von dir weg, gesalbt. Die dritte Methode wird nur zum Heilen angewandt. Sie ist eine Kombination der ersten beiden Methoden. Bist du oder eine dir bekannte Person krank, dann möchtest du die Krankheit heilen oder verbannen, aber auch Gesundheit und Heilkraft für dich oder die betreffende Person anziehen. Dazu ritzt du in die Mitte der Kerze den Namen des Patienten rundherum mit einer Nadel ein. Dann salbst du die Kerze mit fünf Tropfen Öl und fünf Strichen von unten bis an die Mittellinie, von dir weg. Halte die Kerze noch fest und salbe sie mit sechs Tropfen Öl und sechs Strichen wieder von oben bis zur Mittellinie, zu dir hin. Tauche dazu deine Fingerspitze in das Öl und führe eine Streichbewegung aus, tauche ihn dann für den zweiten Strich ein und so weiter. Du kannst alle Striche auf dieselbe Stelle auf der Kerze auftragen oder sie rundherum verteilen. Am meisten kommt es darauf an, dass du dich während dieser rituellen Prozedur auf deinen Wunsch konzentrierst. Wenn du Glück, Liebe oder Gesundheit anziehst, sieh sie auf dich zufließen. Wenn du Krankheit und Unglück vertreiben willst, stell dir vor, wie sie von dir wegfließen.

Eine siebenknotige Wunschkerze wird nicht der Länge nach, sondern jeder Knoten wird einzeln gesalbt. Wie immer bei der magischen Arbeit zählt aber auch hier die Konzentration.[2] Die rituelle Prozedur ist nur dazu gedacht, deine geistige Kraft oder, wie sie auch genannt wird, deine »Wunschkraft« zu bündeln. Du kannst dir die teuerste Ausrüstung kaufen, doch ohne diese Wunschkraft wird sie nutzlos sein. Kerzen, Öle und Räucherwerk sind die Dinge, die dir die Arbeit erleichtern. Viele fügen den Ölen und Wässerchen einen Tropfen ihrer eigenen *prima materia* (Blut oder Körperflüssigkeit) hinzu, um ihnen einen noch individuelleren Charakter zu verleihen.

---

2 Siebenknotige Wunschkerzen haben den Vorteil, dass sie eigens für magische Arbeiten hergestellt wurden.

Arbeiten mit Räucherwerk

Manche Menschen weigern sich, traditionelles Räucherwerk zu verbrennen, da sie meinen, sie bräuchten dazu ein teures, aufwändiges Räuchergefäß. Das stimmt aber nicht. Du kannst einfach eine feuerfeste metallene oder irdene Schale mit einem Durchmesser von etwa acht Zentimetern nehmen. Ideal wäre eine Zuckerschale, ein verchromtes Eisschälchen oder eine gesäuberte Katzenfutterdose, die du auf einen Untersetzer stellst. Auch andere Gefäße sind dafür geeignet. Fülle den betreffenden Behälter bis etwa 2,5 Zentimeter unter den Rand mit sauberem Sand. (Du erhältst ihn in Heimwerkermärkten oder im Zoofachhandel.) Die Sandschicht sollte mindestens 2,5 Zentimeter hoch sein. Stelle die Schale auf eine feuerfeste Oberfläche, und schon kannst du mit dem Räuchern beginnen.

Lege ein rundes Stück Holzkohle auf den Sand. Feuchte es mit Methylalkohol, Alkohol oder Kölnisch Wasser an. Zünde die Holzkohle dann mit einem Streichholz an. Wenn die Flammen heruntergebrannt sind und die Holzkohle rot glüht, verteile etwas Räucherwerk darauf. Diese Methode ist nicht nur billig, sondern auch wirkungsvoller als andere Produkte, die es auf dem Markt gibt. Du kannst auch selbstzündende Holzkohle verwenden, die in vielen esoterischen Buchläden erhältlich ist.

Bei dieser Methode bleibt übrigens der feine Duft traditionellen Räucherwerks am besten erhalten. Moderne Produkte wie »selbstzündendes« Räucherwerk sind ein schlechter Kompromiss. Hier ist die Oberfläche der Holzkohle mit Salpeter (Kaliumnitrat) getränkt, so dass sie sich sofort entzündet, sobald man ein Streichholz daran hält. Das sollte theoretisch funktionieren, aber die Holzkohle fängt an zu zischen und zu knistern, und das unter Umständen auch während einer Meditation. Andererseits haben schon viele mit selbstzündender Holzkohle gute Erfahrungen gemacht. Das kommt auf die Marke an, die du kaufst.

Räucherwerk und Düfte sind nichts anderes als übel riechende Substanzen. Die Magie kommt aus deinem tiefsten Inneren. Aromen sind lediglich Hilfsmittel, Instrumente, mit denen du deinen Willen und Geist auf das Wesentliche beschränken und dich konzentrieren kannst, um deinen Wunsch, wenn du ihn formulierst, wahr werden zu lassen. Solltest du der Ansicht sein, dass eine oder mehrere Zutaten nicht dazupassen, dann verzichte darauf! Das Räucherwerk muss bei dir oder deiner Gruppe wirken. Einige der in diesem Buch verstreuten Rezepte wurden im Lauf vieler Jahrhunderte von Menschen zusammengestellt, die diesen Dingen viel Zeit – manchmal ihr ganzes Leben! – gewidmet haben. Ich habe auch ein paar eigene Rezepte beigesteuert.

Elemente-Entsprechungen

1. Das Element Luft herrscht über die Morgendämmerung, Frühling und Intelligenz. In allen Ritualen, in denen es verwendet wird, symbolisiert es Neuanfänge, Heilung, Reisen, Lernen, Schreiben, Erinnerung, Kommunikation, Illusionen und die meisten magischen Praktiken, die auf Überredung abzielen.

2. Das Element Feuer herrscht über den Mittag, Sommer und Idealismus, Sieg in gerechten Auseinandersetzungen, Unterhaltung, Vergnügen, Liebe, Gold, Reichtum, Luxus aller Art und Symbole für Macht und Rang.

3. Das Element Wasser herrscht über die Abenddämmerung, den Herbst und die Gefühle. Es hat insbesondere mit Reinigung, Anrufung und Verbannung sowie mit Kindsgeburten, Schifffahrt, weiblicher Gesundheit, dem Abwehren ungebetener Gäste, mit Wachstum und Erntegut sowie allen Formen von Mondmagie zu tun.

4. Das Element Erde herrscht über die Nacht, den Winter, alle praktischen materiellen Lebensbereiche, den Bergbau und Mineralien sowie über die Entdeckung verborgener Schätze und alle Arten von Geldgewinn.

Elemente-Räucherwerk

Die Macht von Räucherwerk und Duft liegt darin, dass damit bewusste Aufmerksamkeit umgangen wird und man so Zugang zu den ursprünglichen geistigen Reichen bekommt. So wie du jeden Geruch mit einer emotionalen Erfahrung wie Liebe, Furcht oder Freude verbindest, kannst du dich an das jeweilige Gefühl jederzeit mit Hilfe des Duftes erinnern. Der Geruch einer Zahnarztpraxis löst bei den meisten Menschen Stress aus. Doch für das Mädchen, das sich in seinen Zahnarzt verliebt hat, kann er ein richtiges Aphrodisiakum sein. Genauso setzt eine Frau, die einem Liebesbrief einen Hauch Parfüm beifügt, Magie in ihrer stärksten Wirkungsweise ein, weil der Empfänger sich an die Umstände und Emotionen ihrer feurigsten Begegnungen erinnern wird.

Schön wäre es, wenn der Platz, an dem du arbeitest und die Zutaten für deine Düfte mischst sowie zusammenstellst, düster und romantisch wäre – irgendein dunkles Verlies oder ein Rundturm vielleicht –, aber die meisten von uns haben so etwas nicht. Auch in der Küche deiner Wohnung oder deines Hauses findest du geeignete Instrumente. Du kannst dein Räucherwerk im Licht einer fluoreszierenden Lampe mischen, wenn du willst. Der Kessel wird auch dann brodeln, wenn er mit Erdgas oder Strom erhitzt wird. Falls du keinen Kessel hast, nimm einen stiellosen Topf; klein anzufangen ist besser als gar nicht anzufangen. Probiere ein paar der Rezepte in diesem Buch aus. Halte dich zuerst an die Angaben, und verändere sie dann und notiere die Unterschiede in einem Tagebuch. Schreibe darin auch etwas über deine

Ergebnisse. Wenn dir eine Musik einfällt, die gut zu einem bestimmten Duft passt, notiere das ebenfalls.

Einige Zutaten sind schwer erhältlich oder so selten, dass ihre Verwendung nicht in Frage kommt. Kretischer Diptamdosten *(Origanum dictamnus)* beispielsweise ist schwer zu finden. Du kannst ihn in der Erdmagie durch Torfmoos oder Eichenblatthumus aus dem Wald ersetzen. Auch einen Küchengarten kannst du deinen Bedürfnissen entsprechend anlegen. Am einfachsten beginnst du mit den vier Elementen Luft, Feuer, Wasser und Erde.

Für Luft: Gileadbalsam, braune klebrige Bröckchen, die einen ätherischen Rauch verströmen.

Für Feuer: Weihrauch, das gummiartige Harz eines hohen Baums im Himalaja, *Boswellia thurifera*. Weihrauch ist das beste Räucherwerk der Welt. Er verkörpert die Sonne, Sonnenfeuer und Wärme (mehr über die Rezepte für Planeten später).

Für Wasser: Myrrhe, ein dunkles, bitteres Harz, das man aus einem hohen Busch namens *Commiphora myrrha* gewinnt. Er wächst an der Küste des Roten Meeres.

Für Erde: Kretischer Diptamdosten ist, wie bereits erwähnt, inzwischen sehr selten geworden. Ersetze ihn durch Torfmoos oder Eichenblatthumus.

Die folgenden Rezepte wurden für die vier Elemente erdacht. Rezepte für die Planeten sind weiter hinten im Buch, in Kapitel 5, aufgeführt.

Räucherwerk Luft
4 Teile Gileadbalsam
½ Teil Mastix
½ Teil Styrax-Körner

Räucherwerk Wasser
4 Teile Myrrhe (Gummiharz)
1 Teil geschnittene Silberweide
ein Spritzer Salbei-Öl
eine Prise Mentholkristalle
eine Prise Minze

Räucherwerk Feuer
6 Teile Weihrauch
1 Teil pulverisierte Drachenblutwurzel
1 Teil Gewürznelken-Öl
ein wenig Zimt-Öl

Räucherwerk Erde
4 Teile Torfmoos (nach Volumen)
1 Teil Patschuli-Öl
1 Teil Perubalsam
1 Teil Weihrauch
1 ½ gemahlene Rosmarinblätter (falls die Mischung zu klebrig ist, mehr Torfmoos und mehr gemahlenen Rosmarin hinzufügen)

Arbeiten mit jeweils einem Element

An dem folgenden anschaulichen Beispiel möchte ich zeigen, wie man mit nur einem Element arbeitet. Vor diesem Ritual solltest du ein konkretes Ziel im Kopf haben. Wenn du dein Unterbewusstsein zum Narren hältst, wird es dich niemals ernst nehmen. Denke also immer daran, dass Magie irgendeinem Zweck dienen muss, selbst wenn du nur etwas lernen oder entdecken willst. Dieses Ritual wird dir zur Macht verhelfen. Auch wird es dein Unterbewusstsein darüber informieren, dass du diese Macht einsetzen wirst. Dazu brauchst du deine Arbeitsweise nur geringfügig zu verändern – aber es ist eine wichtige Veränderung, wie du gleich sehen wirst.

Wir fangen ganz von vorn an, mit einer hypothetischen Situation. Ein Freund/eine Freundin, der/die kürzlich operiert wurde, hat sich zwar aus medizinischer Sicht erholt, kann aber anscheinend nicht wieder der/die Alte werden und ist unglücklich. Das ist nicht normal, denn dein/e Freund/in ist meistens ein sehr glücklicher, lebensfroher Mensch. Du beschließt, ihm/ihr mit Magie zu helfen. Sieh dir die Situation aus der Distanz an und entscheide dann, ob ein Zauber helfen kann. Falls dies tatsächlich eine Lösung ist, stellt sich die Frage, welches Element du einsetzen sollst. Da es sich um ein emotionales Problem handelt, nimmst du das Element Wasser.

Jetzt kannst du das Ritual vorbereiten. Da du das Element Wasser gewählt hast, arbeitest du in deiner Vorstellung während der Machtbeschwörung in Richtung Westen. Du nimmst eine blaue Altardecke und stellst eine Schüssel mit Wasser in den Westen, um anzudeuten, dass du dieses Viertel bearbeitest. Es wäre gut, wenn du das Ritual vorher einstudierst, damit du alle Probleme vorab erkennst und Abhilfe schaffen kannst. Nach der vorbereitenden Entspannung widmest du dich eine Weile gedanklich dem gewünschten Ergebnis, damit dein Kopf frei wird, und bestätigst dir, dass das Ritual funktionieren wird. Hoffen und Wünschen ist nicht gut. Du musst *wissen*, dass dein Zauber wirken wird.

Sobald du bereit bist, öffne den Tempel wie gewohnt, nimm die »inneren Waffen« an dich und wende dich dem westlichen Viertel zu.[3] Tue die Absicht des Rituals kund. Du hast sie vielleicht aufgeschrieben und liest sie vor, wenn du willst. Es ist übrigens ganz sinnvoll, solche Dinge schriftlich festzuhalten, denn damit tauchst du tiefer in das Ritual ein. Wende nun deine Aufmerksamkeit dem Teich in der Mitte zu. Betrachte ihn und wisse, dass du gleich seine Macht zu Hilfe nehmen wirst. Erkläre dies gegebenenfalls mit positiven Worten, zum Beispiel: »Ich rufe jetzt meinen nie versiegenden Vorrat an unterbewusster Macht an.« Sieh, wie sich die unbewegte Oberfläche in einen riesigen Springbrunnen verwandelt, der weit in den Himmel hineinreicht und vor Licht und Macht funkelt. Jetzt ist der Zeitpunkt gekommen, dies mittels des Elementes Wasser zu fokussieren, eventuell mit folgenden Worten: »Ich rufe jetzt das Element Wasser an, meinem Willen und den wahren Wünschen von ——————— [Name der betreffenden Person] zu entsprechen.« Sieh, wie sich der Springbrunnen in ein strahlendes Blau verwandelt, und richte dann deine Aufmerksamkeit auf den Kelch, der jetzt vor Macht funkelt. Reiche ihn deinem Freund/deiner Freundin, der/die die darin enthaltene Macht entgegennimmt und ihn dir dann zurückgibt. Dein Freund/deine Freundin verlässt dich und fühlt sich schon viel besser. Schließe das Ritual wie gewohnt ab, verlasse den Tempel und mache dir ein paar Notizen.

---

3 Bei der Kerzenmagie brauchst du keine echten Waffen. Du kannst mit den inneren Äquivalenten, also mit Phantasiewaffen, arbeiten. Die Annahme ist dann erfolgt, wenn du in deiner Vorstellung die Waffe auf der Tür oder innerhalb der Elemente-Tür siehst.

Diese inneren Visualisierungen sind natürlich nur Vorschläge. Das Bild des Springbrunnens sollte erhalten bleiben, aber alle anderen Symbole kannst du so verändern, dass sie für dich Bedeutung haben. Das Wasser des Springbrunnens kann beispielsweise den Pfad hinunter- und durch die Tür zu deinem Freund/deiner Freundin fließen. Du kannst das Wasser aus dem Springbrunnen in den Kelch füllen und es deinem Freund/deiner Freundin zu trinken geben, oder du führst ihn/sie zum Springbrunnen, wo er/sie trinken oder baden kann. Das spielt sich natürlich alles in Form einer Sitzmeditation ab. Falls du Darstellungen greifbarer Waffen hast, kannst du die Macht in das Wasser lenken, welches sich in dem fassbaren magischen Kelch befindet, und selbst davon trinken, während du mit ansiehst, wie dein Freund/deine Freundin die Macht entgegennimmt. Es gibt viele mögliche Abwandlungen, du musst entscheiden. Bei anderen Ritualen, bei denen eines der anderen Elemente beteiligt ist, wirst du selbstverständlich die Symbolik je nach den Umständen verändern.

Der Einsatz greifbarer Waffen ist sinnvoll, da du dich damit geistig auf die greifbare Seite der Dinge konzentrieren kannst. Das geht noch einen Schritt weiter, wenn du einen greifbaren Fokus für die beschworene Macht einsetzt: einen Talisman.

Anfertigen und Aufladen eines einfachen Talismans

Früher zeichnete man einen Talisman auf Pergament. Heute aber ist das unnötig, denn jedes gute Papier erfüllt denselben Zweck. Pergament war früher einfach deshalb beliebt, weil es nichts anderes gab: Das Papier war noch nicht erfunden. Übernimm nicht die Zeichnungen anderer Personen. Sie waren individuell auf diejenigen zugeschnitten, die sie anfertigten. Entwirf deinen eigenen Talisman. Ein Talisman muss drei Bildersymboliken enthalten:

ein Symbol für die Macht, die beschworen wird
ein Symbol für das gewünschte Endergebnis
eine Methode, wie man ihn mit dem Empfänger identifizieren kann

Beim vorigen Ritual wäre als Talisman ein Wotanskreuz gut geeignet, das du mit einem Durchmesser von ungefähr fünf Zentimetern auf gutes Papier zeichnest und an den Kardinalpunkten markierst, mit besonderer Betonung auf dem Westen (vielleicht ein Pfeil, der darauf deutet). Bringe auf einem Kelch, der lichtvoll glänzt und auf dem vielleicht die Worte »wiederhergestelltes Glück« stehen, deine Zeichnung mit blauer Tinte an. Auf die Rückseite schreibst du den Namen der betreffenden Person. Jetzt hast du einen persönlichen, verwendbaren Talisman vor dir. Wenn du ihn bei deinem Ritual verwenden willst, wird die Prozedur nur ein kleines bisschen abgewandelt. Wenn du das Element Wasser beschwörst, stellst du dir am Teich vor, wie die Macht in den Talisman hineinströmt. Du kannst ihn in einen echten Kelch oder auf die Karte mit dem Ass der Kelche oder anderswohin stellen. Am Ende des Rituals bewahrst du ihn so lange an einem sicheren Ort auf, bis das gewünschte Ergebnis eingetreten ist, oder du gibst ihn dem Empfänger, falls dieser ein gläubiger Mensch ist.

Einen Talisman zu deaktivieren geht ganz leicht. Kehre einfach den Ablauf des Rituals um und vernichte den Talisman dann. Zeitsparender ist es, ihn in der Erde zu vergraben, während du dir vorstellst, die Macht kehre an ihren Ursprung zurück. Lass dich dabei von deiner Phantasie inspirieren.

Wirkungsvoller wird das Ritual, wenn du ein paar Möglichkeiten einbaust, wie du symbolisch etwaige Blockaden neutralisieren kannst. Der Teich stellt das Unterbewusstsein dar, das in der einen oder anderen Weise angesprochen und genutzt wird. Die Waffen symbolisieren die bewusste Machtübernahme. Die vier Türen stehen symbolisch für die Art, wie du diese Macht einsetzt. Es handelt sich um die letztgenannte Symbolik, die du dir jetzt zu Nutze machen kannst, wenn du die Macht in deiner Vorstellung oder in einen Talisman beschworen hast. Falls du mit einem Talisman arbeitest, visualisiere, wie die Macht durch die Tore positiv in die Außenwelt strömt.

Beschwöre anhand des gerade beschriebenen Rituals das Element Wasser. Sieh, wie sich der Kelch mit Macht füllt und wie diese Macht dann in vier Richtungen nacheinander durch die Türen hinausströmt. Da die Türen die Art verkörpern, wie du Macht zum Ausdruck bringst, kannst du dich jetzt entscheiden, dies positiv zu tun. Die Luft-Tür ist die Art, in der du dich durch Gedanken ausdrückst; die Feuer-Tür steht für die Art, wie du dich durch Handlungen ausdrückst; die Wasser-Tür ist dein Mittel zum Ausdruck von Gefühlen; die Erd-Tür steht für die Art, wie du dich durch früher gemachte Erfahrungen zum Ausdruck bringst. Während die Macht durch die Luft-Tür eintritt, musst du dafür sorgen, dass sie richtig zum Ausdruck kommt und nicht irgendwann später durch destruktive Gedanken behindert wird. Das geschieht durch den Gebrauch positiver Symbolik. Wenn die Macht an der Tür angelangt ist, sieh dir an, wie sie sich durch eine Tür mit einem Wotanskreuz bewegt. Dieses Symbol steht für die Vollendung im physischen Sinn. Du teilst auf diese Weise deinem Unterbewusstsein mit, dass es sich nicht durch unproduktive Gedanken ablenken lassen soll. Verfahre mit allen anderen Türen ebenso. Sieh dann deinen Freund/deine Freundin in der Mitte eines Wotanskreuzes, mit denselben vier Türen an den entsprechenden Himmelsrichtungen. Du kannst nun erkennen, wie die Macht durch die Türen in den Kreis zu deinem Freund/ deiner Freundin eintritt. Solltest du einen Talisman verwenden, dann beschwöre die Macht durch den Kelch und sieh anschließend, wie sie aus dem Talisman in vier Himmelsrichtungen zu den beschriebenen Türen strömt.

Du musst oft üben und viel nachdenken, wenn du diese Idee in deinem Kopf verankern willst, damit jegliche Macht, die hindurchströmt, nicht auf unvorhergesehene Blockaden stößt.

Arbeiten mit den vier Elementen

Es folgt ein Zauber aus dem Mittelalter, den ich verändert habe, um zu zeigen, wie du mittelalterliche Methoden nutzen kannst, sofern du verstehst, was du tust. Dieses Ritual kannst du jederzeit durchführen; traditionell sollte es aber sieben Wochen hintereinander an einem Freitagabend um 21 Uhr durchgeführt werden. Das ist der Tag und die Stunde der Venus, der Göttin der Liebe.

Ein wirkungsvoller Zauber, um sich mit Hilfe der vier Elemente Liebe zu sichern

Du musst unbedingt immer die geeigneten Entsprechungen verwenden – in diesem Fall die der vier Elemente. Nimm vier Kerzen, eine für jedes Element (grün für Erde, gelb für Luft, rot für Feuer und blau für Wasser). Du brauchst dazu auch eine persönliche Kerze sowie eine Altardecke, jeweils gleich große Mengen Räucherwerk für jedes Element und die vier Zehnerkarten des Tarot, falls du ein Deck zur Hand hast. So vorbereitet, kannst du dann den Tempel wie bereits beschrieben öffnen.

Errichte die magische Kugel und betritt den inneren Tempel. Lenke deine Aufmerksamkeit auf den Scheitelpunkt. Dies ist, wie du nun schon weißt, der symbolische Punkt, von dem alle Macht ausströmt. Er ist auch dem All-Vater gleichzusetzen. Stelle dir vor, der Scheitelpunkt beginnt zu glühen, und sein strahlendes Licht bewegt sich in den inneren Tempel hinab. Diese Macht muss über die vier Elemente-Tore Zugang zum Tempel finden. Die vier Elemente sind lediglich vier Möglichkeiten, wie diese Macht zum Ausdruck gebracht wird. Dies kann auf viele symbolische Arten geschehen. Es ist lediglich ein Mittel, um das allgegenwärtige Energiemuster in viele handliche Einheiten zu unterteilen – etwa so, wie ein Prisma sich in verschiedene Farben aufspalten lässt. Die Elemente-Tore sind nur eine symbolische Zerlegung der Macht in handliche Einheiten.

Zeichne mit einem Stift zwei verschlungene Herzen auf ein Blatt Papier, und schreibe deinen Namen und den Namen der Person hinein, die dich lieben soll. Falte das Blatt Papier zusammen und lege es unter die persönliche Kerze auf deinem Altar. Diesen »Wunschzettel« solltest du möglichst bald nach Beendigung des Rituals symbolisch vernichten: Reiße entweder das Papier in kleine Stücke und zerstreue sie im Wind, oder wirf sie in einen See oder Fluss, vergrabe sie in der Erde oder verbrenne sie.

Stell dir die nördliche Tür vor und zünde die grüne Kerze an mit den Worten: »Ich rufe die Erde auf, meinen Zauber zu binden.« Sieh, wie sich jenes Tor öffnet, und versuche, der Macht gefühlsmäßig zu erlauben, durch dieses Tor hereinzukommen. Stelle dir vor, du hättest die Macht im Griff. Wenn du dich beispielsweise beim Norden aufhältst, sieh, wie sich jenes Tor öffnet und die grüne Licht-Macht der Erde hineinströmt. Fühle sie als Macht hereinkommen. Mache dasselbe mit Gelb im Osten, und sprich dazu: »Fliegen ist eine gute

Fortbewegungsart.« Verfahre ebenso mit Rot für den Süden, mit den Worten: »Feuer, gib ihm Geist von oben.« Wenn du schließlich in deiner Vorstellung im inneren Tempel nach Westen blickst, sprich: »Möge Wasser meinen Zauber mit Liebe erquicken.«

Die vier Tore, die den vier Elementen entsprechen, bezeichnen die Weise, wie Macht symbolisch in den inneren Tempel gelangt. Es gibt Momente in diesem Ritual, bei denen jedes Viertel angesprochen wird und jede Tür sich mit Hilfe des entsprechenden Wortzaubers öffnet. Dadurch kann die Macht in den Tempel gelangen und wirkt schließlich zur Mitte hin. Hier in der Mitte hast du es mit dem magischen Teich zu tun. Die gesamte Energie baut sich in diesem Teich auf. Verwandle in deiner Vorstellung diesen Teich in einen Springbrunnen des Lichts, einen Wasserbrunnen, der vor Licht und Macht glänzt. Arbeite mit der Vorstellung des Springbrunnens, damit die Macht eintreten kann. Sie tritt durch die vier Elemente-Tore in die Mitte ein. Dort explodiert sie als ein Springbrunnen reiner Macht. Versetze nun in Gedanken einige Minuten lang das bildhafte Symbol, das dich und die betreffende Person darstellt, kreativ in den Springbrunnen hinein. Diese Macht geht dann durch die besagten vier Tore in die Außenwelt hinaus und nimmt deine Absicht mit. Natürlich drehst du zum Abschluss den Ablauf um und schließt den inneren Tempel und die magische Kugel wie oben beschrieben.

Die Absichtskerze

Lies dieses Kapitel mehrmals durch und denke über die Vorschläge nach, die es enthält. Übe die Techniken der magischen Kugel und des inneren Tempels, bis du mit ihnen richtig vertraut bist. Sie sollen dir in Fleisch und Blut übergehen. Nichts ist unangenehmer, als wenn du dich mitten in einem Ritual fragen musst, wie es jetzt weitergeht. Eigne dir deine Technik so gut an, dass dies möglichst niemals passiert. Ein gutes Ritual sollte störungsfrei verlaufen, und das geht nur, wenn du weißt, was du tust.

Sobald du das Gefühl hast, wirklich mit diesen Techniken vertraut zu sein, führe folgende, sehr hilfreiche rituelle Übung durch. Sie dient der Vorbereitung auf viele verschiedene Kerzenriten.

Ein Ritual, um die Absicht zu bündeln

Dafür benötigst du die oben beschriebenen Kerzen sowie eine zusätzliche Kerze, die eine konkrete Absicht symbolisieren soll. Diese Kerze kann eine beliebige Farbe haben, die mit einem der vier Elemente oder deiner persönlichen Kerze zusammenhängt. (Auf die planetaren Kräfte werde ich später eingehen.)

Befolge die in Kapitel 2 gegebenen Anweisungen für den Ritualablauf, und beginne mit der Absicht des Rituals. Das kann irgendein Wunsch sein, es hängt ganz von dir ab. Sorge aber dafür, dass du deine Absicht positiv formulierst und alle negativen Gedanken beiseite schiebst, so wie oben vorgeschlagen. Führe anschließend das Ritual durch und arbeite dabei mit der magischen Kugel und dem inneren Tempel. Nun kannst du die Absichtskerze, die vor der persönlichen Kerze stehen sollte, anzünden. Richte dann deine Aufmerksamkeit auf den Teich.

Sieh, wie dieser sich in einen Wasserspringbrunnen verwandelt, der strahlend glänzt. Lass ihm Zeit, in deiner Vorstellung richtig zu entstehen, und sieh dann, wie dieses Licht durch die

Elemente-Tore in vier Richtungen ausstrahlt und deine Absicht mitnimmt. Du kannst dich gern ein Weilchen hinsetzen und dabei zusehen. Sei dabei die ganze Zeit positiv, und fühle und wisse, dass dein Unterbewusstsein sein Ziel mit Hilfe von Energie erreicht.

Sieh abschließend, wie der Springbrunnen allmählich verschwindet, bis wieder nur noch ein Teich mit unbewegtem Wasser zurückbleibt. Lösche die Absichtskerze (du kannst sie aber auch herunterbrennen lassen), und schließe das Ritual wie gewohnt ab. Vergiss nicht, das Ritual möglichst oft durch kreative Gedanken zu unterstützen, denn dann bleiben die Kanäle der Macht offen.

4

Die kosmischen Gezeiten

Wer weiß, wann sich die Menschen erstmals der Vorstellung von Zeit bewusst wurden? Wie maßen wir die Zeit, als es noch keine Uhren gab? Ganz einfach: die Menschen wurden sich der Zeit gewahr, indem sie Naturphänomene beobachteten und ihre Sinne anders einsetzten. Als ihnen zum ersten Mal auffiel, dass nicht alles so war, wie es schien, machten sie sich auf, um die Wirklichkeit zu ergründen. Oft, insbesondere heutzutage, nehmen wir Dinge gedankenlos hin, ohne sie zu hinterfragen und ohne sie wirklich zu sehen. Doch wer Kerzenmagie erfolgreich praktizieren will, der muss immer wieder hinsehen, beobachten und Fragen stellen.

Die Geburt der Astrologie

Stelle dir einmal vor, dass vor ein paar tausend Jahren jemand auf einem Felsen saß und den Sonnenaufgang betrachtete: Zuerst sah er einen Lichtschimmer, der allmählich immer heller wurde, und dann die warmen Strahlen der Sonne, wenn sie über dem Horizont auftauchte. Jedem anderen wäre das vielleicht nicht so wichtig – es geschieht ja täglich, und es gibt auch noch andere Dinge zu tun. Den übrigen Menschen bedeutet das Alltägliche alles, und so wird es auch in Zukunft bleiben. Nichts wird sich jemals ändern, und das Leben steht von vornherein fest. Aber etwas beschäftigt den einsamen Beobachter. Dieses Etwas ist bis jetzt unbekannt, aber Neugierde führt in neue Bereiche. Die anderen verstehen ihn nicht. Sie machen sich über den einsamen Beobachter lustig, der jeden Morgen den Sonnenaufgang betrachtet, bevor er sich existenzielleren Dingen zuwendet. Nach einer gewissen Zeit fällt diesem neugierigen Beobachter auf, dass bei Sonnenaufgang die Natur erwacht – Tiere werden munter, und Vögel singen. Wenn die Sonne im Zenit steht, ist es viel wärmer als zur Stunde der Morgen- oder Abenddämmerung. Und bei Sonnenuntergang verlangsamt das Leben seinen Schritt und bereitet sich auf den nächtlichen Schlaf vor. Aus dieser Verbindung zwischen der Sonnenbewegung und den Ereignissen hier auf der Erde entstand sozusagen ein Vorläufer der Astrologie. Im Lauf der Zeit lernten die Menschen mehr über die Sonnenaktivität und richteten dann ihr Augenmerk auf den Mond, dessen Umriss sich, wie sie feststellten, nach einem regelmäßigen Muster änderte. Nach weiteren Beobachtungen fiel ihnen auch auf, dass sich die Gezeiten des Meeres mit den Mondphasen änderten, und sie merkten ebenfalls – und das war von noch größerer Bedeutung –, dass man diese vorhersagen konnte.

Heute wissen wir, dass die Anziehungskraft des Mondes die Gezeiten tatsächlich beeinflusst. Wenn Sonne und Mond ungefähr in derselben Position am Himmel stehen, ist Neumond. Das erzeugt Flut durch die Kräfte, die diese beiden Himmelskörper aufeinander ausüben. Bei Vollmond ist der Wasserstand viel niedriger, weil ihre Kräfte sich eher ausgleichen. Heute sind das anerkannte astronomische Tatsachen, aber für Denker der Antike stellten diese Kräfte etwas anderes dar – nämlich *Götter*. Da die Menschen diese Phänomene nicht begreifen konnten, gaben sie ihnen eine Gestalt. Sie vermuteten, irgendeine gewaltige Macht, irgendein mächtiges Wesen bewege sich am Himmel entlang. Um sich mit dieser Macht zu identifizieren, verliehen sie ihr gottähnliche Züge – eigentlich etwas ganz Natürliches, wenn man darüber nachdenkt. Sie erkannten etwas, das größer als sie selbst war, und schrieben ihm übermenschliche Kräfte zu, um mit ihm kommunizieren zu können – um seine Gunst zu erwirken, damit es ihnen seine Macht gewährte. Wenn der Sonnengott aufgeht, beginnt das Leben. Er sendet Licht und Wärme aus, und die Erde wird lebendig. Wenn der Sonnengott tief am Himmel steht, wie im Winter, dann ist der Tod nah und Kälte und Schnee herrschen. Aus dem Mond wurde die Mondgöttin. Wenn sie dem Sonnengott nah war, stieg der Meeresspiegel, und die Pflanzen wuchsen schneller. Stand sie dem Sonnengott gegenüber, sank der Meeresspiegel und das Wachstum verlangsamte sich.

In einer noch länger zurückliegenden Zeit beobachteten die Menschen die Götter und versuchten, durch Gebete und Opfer mit ihnen Verbindung aufzunehmen, je mehr Kenntnisse sie erwarben. Aus Sonne und Mond wurden mehr als nur zwei Lichter am Himmel. Sie wurden zu Wohltätern. Die Bilder nahmen allmählich Gestalt an, und die Götter bekamen immer persönlichere Züge. Einige Menschen, die sich über das Niveau anderer Sterblicher erhoben, wurden Diener dieser Götter. Unter ihrer Anleitung gediehen die Feldfrüchte besser, da die Pflanzzeiten exakter vorgegeben waren. Als Priestern oblag es ihnen, die Macht der Götter zu demonstrieren. Da sie die Gezeiten vorhersagen konnten, erhöhte sich die Produktivität der Menschen. Und durch ihre Fähigkeit, Sonnen- und Mondfinsternisse vorherzusehen, lernten die Menschen, die Götter zu fürchten und ihnen zu gehorchen. Nichts war Respekt gebietender als die Kräfte der Dunkelheit, die das Licht der Sonne verschluckte und die Welt in Finsternis tauchte. Das genügte schon, um in jedem die schlimmsten Ängste auszulösen.

Aus der Beschäftigung mit den Planetenbewegungen in frühester Zeit entwickelte sich die Astronomie. Die wahre Wissenschaft ist allerdings die Astrologie. Leider machte man sich lange Zeit ein falsches Bild von ihr. Ich werde versuchen, diese Missverständnisse aus dem Weg zu räumen, damit du den Wert dieser magischen Wissenschaft erkennst.

Nicht jeder angehende Kerzenmagier muss unbedingt Astrologe werden. Das überlässt man besser denen, die diese Wissenschaft gründlich studieren wollen. Jemand, der sich mit Kerzenmagie beschäftigt, braucht die Feinheiten der Astrologie nicht zu verstehen. Schließlich muss ja auch eine Hausfrau nicht unterschiedliche organische Chemikalien zusammengießen, um daraus ein Reinigungsmittel herzustellen. In der Magie gibt es viele spezielle Forschungsrichtungen, von denen Astrologie nur eine ist. Du kannst entweder alles darüber in Erfahrung bringen oder einen Astrologen um Unterweisung bitten. Das ist dir überlassen. Es ist aber nie schlecht, über das betreffende Thema ein bisschen Bescheid zu wissen, denn wenn du nichts über die Planeten weißt, wie willst du dann ihre Energien nutzen?

Die Astrologie beschäftigt sich mit den Planetenbewegungen und bringt diese mit Naturereignissen in Verbindung, besonders im Leben eines Menschen. Die Bewegungen von Sonne und Mond haben mit Naturereignissen auf der Erde zu tun. Die Missverständnisse gibt es dann, wenn du meinst, dass diese Himmelskörper solche Ereignisse tatsächlich auslösen. Du solltest wissen, dass die Planeten weder etwas beherrschen noch beeinflussen. Alles andere ist Unsinn. Du fragst vielleicht: »Und was ist mit dem Mond und seinem Einfluss auf Gezeiten und Wachstum?« Das hat im Grunde genommen nur mit seiner Anziehungskraft zu tun, und selbst darüber kann man noch streiten.

Kosmische Energie

Wer sich mit Magie beschäftigt, muss für das gesamte Thema Astrologie und Magie gesunden Menschenverstand und fundiertes logisches Denken mitbringen. Am Anfang steht eine Energie. Diese Energie ist ständig im Fluss; anders gesagt, sie verändert sich unentwegt, zu jeder Sekunde. Nichts bleibt jemals gleich, und nichts wird wieder so sein wie früher. Wenn du eine Methode kennst, um diese Veränderungen zu messen, kannst du voraussagen, wann und wie oft sie stattfinden. Sichtbar geschieht dies in der Astronomie. Die Position eines Planeten lässt sich Jahre im Voraus feststellen. Sonnen- und Mondfinsternisse lassen sich bis auf die Sekunde genau zeitlich festlegen. Selbst das exakte Erscheinungsdatum eines Kometen kann man vorhersagen. Wie ist das möglich? Ganz einfach: durch Beobachtungen und Messungen. Die gesamte Schöpfung funktioniert nach ganz bestimmten Gesetzen, und wenn du diese Gesetze kennst, kannst du Vorhersagen treffen.

Bei der Beschäftigung mit kosmischer Energie hast du allerdings ein Problem. Du kannst sie weder sehen noch messen noch wiegen. Was tun? Die Menschen der Antike hatten die richtige Idee. Anhand von Naturereignissen und -phänomenen erstellten sie Energiemuster. Das ist nicht so schwierig, wie du vielleicht meinst. Du solltest das am besten gewissenhaften Studenten solcher Disziplinen überlassen, aber die dahinter stehende Argumentation ist für deine magische Arbeit hilfreich. Um natürliche Energie messen und sie auf die menschliche Existenz übertragen zu können (und um bis zu einem gewissen Punkt künftige Möglichkeiten vorherzusagen), entwickelten die Beobachter in der Antike ein symbolisches Messsystem, die Astrologie. Sie unterteilten den Himmel in zwölf gleiche Abschnitte von je dreißig Grad. Das Ganze nannten sie »Tierkreis«, und die zwölf Abschnitte wurden zu den inzwischen allbekannten »Tierkreiszeichen« Widder, Stier, Zwillinge und so weiter. Durch eingehende Beschäftigung mit den Positionen der Planeten in diesen Zeichen und durch die Beobachtung von Naturereignissen erstellten sie ein System von Beziehungen und Entsprechungen. Daraus wurde die Astrologie. Ihnen fiel auf, dass jeder Planet mit einer bestimmten Art von Energie zusammenhing und dass das Zeichen, in dem der Planet stand, ein ganz eigenes Wesen hatte. So verkörperte der Planet Mars Aktion, Energie und Initiative. Seine Wirkung hing sehr stark von dem Zeichen ab, in dem er stand. Anders gesagt, das Zeichen veränderte die Energie des Planeten.

Du siehst an diesem System, dass es eine ganze Reihe von Möglichkeiten beinhaltet. Nicht nur die Position des Planeten ist von Bedeutung, nein, auch die Winkel zwischen den Planeten verändern die Wirkung. Stehen zwei Planeten in derselben Position, dann stehen sie »in Konjunktion zueinander«. Das ist eine ganz wichtige Position, weil beide in dieselbe Richtung ziehen, so wie Sonne und Mond bei Neumond. Eine Opposition – also wenn die Planeten 180 Grad voneinander entfernt sind – gilt als ungünstig, weil die Kräfte in entgegengesetzte Richtungen ziehen, das heißt gegeneinander arbeiten. Es gibt natürlich noch viele andere mögliche Winkelkonstellationen, die teils gut, teils problematisch sind. Diese nennt man Planetenaspekte.

Grundlegendes zur Astrologie

Die Astrologie entwickelte sich zu einem System, mit dem man äußerst präzise die Wirkung natürlicher Energien auf das menschliche Leben vorhersagen und messen konnte. Es ist fraglich, ob sie jemals von einem anderen System übertroffen werden kann. Da die Astrologie vom Vatikan unterdrückt wurde, ging sie in den Untergrund. Inzwischen hat sie sich sehr verändert, denn einige Menschen halten die Zeitungs-Horoskope für die wahre Astrologie. Andererseits gibt es professionelle Institutionen, die astrologische Daten erforschen und die Astrologie so einsetzen, wie es einst vor Jahren der Fall war. Doch nur wenige wissen davon. Du darfst nicht vergessen, dass die Astrologie eine *magische* Wissenschaft ist. Magie und Astrologie sind untrennbar miteinander verbunden. Magie kann mit oder ohne Astrologie wirken, aber die Astrologie ohne magisches Wissen ist praktisch wertlos. Heute gibt es durchaus einige Menschen, die sich als

Astrologen ausgeben, obwohl sie nur wenig darüber wissen. Man trifft auch auf Astrologen, die sich in magischen Techniken wenig auskennen. Leider ist das Studium esoterischer Themen inzwischen sehr an den Rand gedrängt und zersplittert worden. Magie ist eine großartige Wissenschaft, und Astrologie nur ein Teil davon.

Wir wollen uns nun ein paar kosmische Gezeiten ansehen und überlegen, wie uns die Astrologie dabei helfen kann, sie zu messen, zu verstehen, ja sogar sie vorherzusagen. Wenn die Sonne in das Zeichen Widder tritt, beginnt die Jahreszeit Frühling. Sonne im Krebs verkündet den Sommer, in der Waage den Herbst, und im Steinbock den Winter in unseren Breitengraden. Daran gibt es nichts zu rütteln. Jedes Jahr wird es unveränderlich dieselben Jahreszeiten in derselben Reihenfolge geben. Man kann ihre Dauer messen und ihren Beginn unfehlbar vorhersagen.

Die Wissenschaft behauptet, der Winkel der Erde sei verantwortlich für diese jährlich auftretenden klimatischen Veränderungen – die Drehung der Erde um die Sonne führe zu den unterschiedlichen Jahreszeiten, heißt es. Das ist ein Irrtum, denn die Wissenschaft übersieht das Offensichtliche. Wäre tatsächlich der Winkel der Erde verantwortlich, dann würden sich die Veränderungen innerhalb der Jahreszeiten allmählich vollziehen. Durch bloße Beobachtung erkennt man aber, dass das nicht stimmt. Der Winkel der Erde trägt natürlich zu Veränderungen von Temperatur und klimatischen Bedingungen bei, aber kann uns die Wissenschaft sagen, weshalb Saatgut anfängt zu wachsen oder weshalb im Frühling an den Bäumen Knospen sprießen? Soweit ich weiß, geschieht das trotz unterschiedlichster Temperaturen jedes Jahr etwa um dieselbe Zeit aufs Neue. Es spielt keine Rolle, ob 1,80 Meter Schnee liegen und ein eisiger Wind weht oder ob gerade eine Schönwetterperiode ist. Ungefähr innerhalb einer Woche, nachdem die Sonne in das Zeichen Widder eingetreten ist, beginnt der Frühling, und die Natur erwacht zum

Leben. Meinst du, dass das Laub im Herbst von den Bäumen fällt? Ja, aber nicht Anfang Herbst. Das Laub fällt dann, wenn die Sonne in das Zeichen Skorpion eintritt, unabhängig von klimatischen Bedingungen. Es ist fast so, als gäbe es eine kosmische Uhr, die diese Dinge in Gang setzt.

Die kosmische Uhr

Wenn du ein aufmerksamer Mensch bist, werden dir die Veränderungen dieser solaren Gezeiten auffallen, insbesondere dann, wenn du dich in einem Tempel befindest. Im Frühling und Sommer fällt es besonders auf, da der Tempel dann voller Energie ist. Ich meine, du kannst in diesem Zusammenhang wissenschaftliche Erklärungen wie den Winkel der Erde getrost vergessen. Sieh dir stattdessen die magische Erklärung an. Oberflächlich betrachtet, sieht es so aus, als sei die Position der Sonne im Tierkreiszeichen der Grund für diese Veränderungen in den Energiemustern, die dann den Wechsel der Jahreszeiten bewirken. Wenn du dich aber mit dieser einfachen Antwort zufrieden gibst, befindest du dich wie die Wissenschaft auf dem Holzweg. Das würde nämlich bedeuten, dass die Planeten einen Einfluss ausüben. Aber das tun sie nicht. Vielmehr ist hier eine Energie am Werk; diese Energie verändert sich, ganz präzisen Gesetzen gemäß, ständig. Mit Hilfe der Planeten können wir verstehen, inwiefern diese Energie das Leben auf der Erde beeinflusst, und Veränderungen der Energiemuster voraussagen.

Du darfst keinesfalls davon ausgehen, dass die Planeten den Energiefluss auslösen oder das Leben in irgendeiner Weise beeinflussen. Sie sind lediglich Hinweise oder Bedeutungsträger. Am besten kann man sie mit einer Uhr vergleichen. Beim Blick auf eine Uhr weißt du, wie spät es ist. Anhand der Informationen, die dir die Uhr gibt, kannst du deinen Tag planen oder irgendetwas tun. Sie zeigt zwar die Zeit an und misst sie, ist aber nicht für sie verantwortlich. Die Zeit existiert, ob du nun eine Uhr hast oder nicht. Die Uhr ist für dich nur ein Anhaltspunkt, ein Zeitmesser. Nimm ein anderes Beispiel: eine Verkehrsampel. Sie steuert den Verkehrsfluss und gibt vor, wie der Verkehr fließen soll. Doch sie erzeugt ihn nicht. In diesem Beispiel entspricht der Verkehr dem Energiefluss, und die Ampel, die den Status des Verkehrsflusses anzeigt, einem Planeten. Die Astrologie musst du dir wie eine riesige kosmische Uhr vorstellen. Du kannst von ihr ablesen, wann etwas voraussichtlich geschehen wird. Die Position der Sonne im Tierkreis zeigt dir den Beginn der verschiedenen Jahreszeiten. Aber wie verhält es sich mit den anderen Planeten? Kann man mit ihrer Hilfe die Zeit ebenso vorhersagen? Ja, aber diese Uhr ist viel komplexer als die, die du in einem Laden kaufst, und somit auch viel nützlicher.

Nicht nur die Position eines Planeten, sondern auch sein Wesen hilft dir, die Natur des kosmischen Energieflusses genauer zu bestimmen. Das Wesen der Sonne beispielsweise ist Vitalität, Macht und Leben. Ihre Position im Tierkreis gibt an, wie diese Macht ausgeübt wird und welche Auswirkungen dies auf der Erde hat. Analog dazu ist das Wesen von Saturn Begrenzung und Beschränkung. Seine Position im Tierkreis gibt an, wie sich diese Beschränkung auf die Erde auswirkt. Die Positionen der Planeten und die Winkel zwischen diesen weisen also auf einen natürlichen Energiefluss hin. Aber was hat es mit dieser Energie auf sich? Heißt das, dass du diesem Fluss unwiderruflich ausgeliefert bist? Dass dein Leben bereits vorausbestimmt beziehungsweise von der Geburt an bereits vorgezeichnet ist? Es ist wichtig, dass du dir diese Fragen stellst, und es ist genauso wichtig, dass du ein bisschen tiefer nach der Wahrheit suchst.

Oberflächlich betrachtet sieht es so aus, als beherrsche tatsächlich die Vorsehung – oder das Schicksal, wenn du es so nennen willst – dein Leben. Es gibt auf diesem Planeten zwei Lebensmuster, eines für die Natur und das andere für die Menschheit. Die Natur spricht völlig auf die kosmische Uhr an; sie ist vorhersagbar. Bei Menschen gibt es aber einen wichtigen Unterschied: Sie haben Wahlmöglichkeiten. Bitte vergiss all die Reden über Schicksal und Vorsehung. So etwas gibt es in Wirklichkeit gar nicht. Wenn du dich von solchen Ideen abhängig machst, dann ist dein Schicksal in der Tat vorherbestimmt. Wie die Gezeiten wirst auch du vorhersehbar reagieren. Du kannst aber dein Leben jederzeit selbst in die Hand nehmen und deine Zukunft bestimmen. Du hast die Wahl. Manchmal mag dies unmöglich erscheinen, doch es ist trotzdem wahr. Durch Jahrhunderte langen Aberglauben und wirklichkeitsfremdes Denken haben sich die Vorstellung von Schicksal, Karma und anderen ähnlich einschränkenden Dogmen in deinem Kopf festgesetzt. Nur weil irgendein Prophet behauptete, er kenne die Wahrheit, heißt das weder, dass er recht hatte noch dass du solche Glaubenssätze übernehmen musst. Viele Propheten waren wenig mehr als Blinde, die noch Blindere führten. Das war nicht nur früher, sondern ist auch heute noch so.

Was die Menschen und ihr Leben betrifft, gilt in Wirklichkeit Folgendes: Es gibt Energie im Überfluss. Du nutzt diese Energie entsprechend deinen Bedürfnissen, und es steht dir völlig frei, wie du das tust. Es gibt keine Grenzen, keine Einschränkungen und keine Gesetze, die dir vorschreiben, was du tun darfst und was nicht – jedenfalls keine, die wir nicht selbst erfunden haben. Du bist viel großartiger und unendlich viel mächtiger, als du dir vorstellen kannst. Religion und die Lehren der wirklich Blinden haben deine Wahrnehmung für diese Wahrheit möglicherweise eingeschränkt und dir falsche Glaubensmuster vermittelt – zum Beispiel Dinge wie Sünde, Vergeltung, ewige Verdammnis und Ähnliches. Auf Grund dieser Vorstellungen bist du womöglich weitgehend vorhersehbar geworden, aber das muss nicht so bleiben. Du hast immer die Wahl. Nutze diese Wahlmöglichkeit,

sooft es geht, dann wird dir die Macht der kosmischen Energie zu
Hilfe eilen. Freie Wahl ist natürlich weder dazu geeignet, die
Kassen organisierter Religionen oder Kultbewegungen zu füllen,
noch irgendeinem Meister dabei zu helfen, sich weiter aufzubla-
sen – kein Wunder, dass viele von ihnen selbstständiges Denken
verhindern wollen.

Dein Geburtshoroskop ist eine Landkarte deines Potenzials.
Du brauchst kein Astrologe zu sein, um dieses Potenzial zu verwirklichen. Du brauchst nur zu entscheiden, was du möchtest,
und dann den Mut haben, von der Möglichkeit der freien Wahl
Gebrauch zu machen. Die kosmische Energie hilft dir dabei,
deine Wünsche wahr werden zu lassen. Halte dich an die Anweisungen in diesem Buch, dann wird genau das eintreten.

Die Beschäftigung mit Astrologie, menschlichem Potenzial, ja
der Energie selbst, ist sehr lohnend. Solltest du allerdings nicht
das Bedürfnis verspüren, dich mit diesen Dingen gründlicher zu
befassen, dann lass es bleiben. Sei in allem natürlich.

Die Welt lehrt dich, dich in irgendeinem Bereich zu qualifizie-
ren, damit du es zu etwas bringst. Das führt dazu, dass du dich in
manchen Bereichen von so genannten intellektuellen Dingen mo-
tivieren lässt. In der Magie gibt es keine derartigen Einschränkungen. Intellektuelle Suche überlässt man dem Einzelnen. Wie du
suchst und lernst, ist ganz allein deine Sache. Du brauchst keine
Prüfung zu bestehen, um eine echte Hexe oder ein echter Magier
zu werden. Der Erfolg wird an den Ergebnissen gemessen. Es
spielt keine Rolle, ob du den Unterschied zwischen dem Planeten
Jupiter und dem Morgenstern kennst. Es zählt lediglich deine
Fähigkeit, du selbst zu sein und alles zu bekommen, was du dir
wünschst. Falls du gern verschiedene magische Künste wie beispielsweise Astrologie erlernen möchtest, dann tu es. Es ist nicht
zwingend. In der Magie und im Leben selbst geschieht nichts
unter Zwang. Aber Faulheit und die Einstellung, mit wenig An-
strengung alles erreichen zu wollen, ist unverzeihlich. Mit gerin-

gem Aufwand bekommt man eben auch nur wenig zurück, wohingegen Hingabe und Beharrlichkeit der Weg zum Erfolg sind.

Dein Geburtshoroskop ist nicht nur eine Blaupause für den Erfolg, sondern gibt – besonders jemandem, der sich in Astrologie gut auskennt – viel mehr Aufschluss über dich. Deine Planetenpositionen zum Zeitpunkt der Geburt weisen auf dein Potenzial hin. Die Planetenbewegungen seit diesem Tag sagen etwas darüber aus, wie sich Energien auf dein Erdenleben auswirken. Vergleichst du diese beiden miteinander, dann erfährst du genau, wie diese Energien dich und dein Potenzial auf Jahre hinaus vermutlich beeinflussen werden. Es lässt sich tatsächlich ziemlich genau vorhersagen, wie dein Leben aussehen wird. Noch wichtiger: Du kannst jetzt schon im Voraus erfahren, welche Energien auf dich wirken und wo das sein wird. Und du kannst auch erfahren, wie du diese Energien einsetzt.

Eine Frage der Zeit

Es ist wichtig zu selektieren, das heißt, für einen bestimmten magischen Zauber nicht nur den richtigen Zeitpunkt, sondern auch den richtigen Moment zu wählen. Stelle dir dazu folgende Fragen:

- Sollte der Zauber bei Tageslicht oder bei Dunkelheit stattfinden?
- Kommt dem Wochentag irgendeine Bedeutung zu?
- Spielt das Datum eine Rolle?
- Ist die Mondphase genauso entscheidend, wie einige maßgebliche Personen behauptet haben?
- Muss ich die astrologischen Gegebenheiten mit einbeziehen?

Es gibt verschiedene Arten, wie man die Stunden des Tages und die Wochentage den einzelnen Planeten zuweist, angefangen bei dem klassischen und offensichtlich willkürlichen »Grundsatz der Signaturen« bis hin zu dem zeitgemäßeren, doch immer noch willkürlichen System, das mit Atomuhren in Verbindung mit der älteren Methode, alles in Planetenkategorien einzuteilen, arbeitet. Man hat oft versucht, einen Bezug zwischen natürlichen Gezeiten und magischer Arbeit herzustellen. Bis jetzt sind alle Versuche gescheitert, da sich die Verantwortlichen keine Gedanken darüber gemacht haben und ziemlich abergläubisch waren. Bei diesem Versuch arbeitet man mit Planetenstunden und den Wochentagen. Die Vorstellung, dass ein Planet über etwas herrscht, solltest du inzwischen dorthin verbannen, wo sie hingehört, nämlich in den Abfalleimer. Genauso absurd ist es zu meinen, ein Planet herrsche über bestimmte Wochentage, also vergiss das bitte. Wenn du meinst, du könntest Mondmagie nur am Tag des Mondes (das heißt am Montag) ausüben, dann schränkst du dich selbst ein. Wer ist denn wirklich in der Lage zu sagen, dass der Mond (oder, genauer gesagt, die Mondenergie) an den anderen sechs Tagen nicht mehr existiert? Doch einige Astrologen und Magier übernehmen diese Meinung, ohne sie zu hinterfragen. Wie schade! Wenn du es nicht an einem Montag tun kannst, dann geht es eben nicht – wie absurd! Doch auf solche Absurditäten wirst du noch häufiger in den »Geheimkünsten« stoßen. Bitte vergiss alles über Planetentage.

Planetenstunden sind genauso ein Unsinn. Man glaubte, bestimmte Stunden würden von bestimmten Planeten beherrscht. Daraus ergab sich ein praktisches »System« für die Arbeit mit astrologischen, Stunden- oder gewöhnlichen Horoskopen. Die Vorstellung, dass man den Tag und die Nacht in gleich große Abschnitte unterteilen kann und dann jedem dieser Abschnitte beziehungsweise Stunden einen Planeten zuordnet, halte ich persönlich für Unsinn. Dieses System, wenn man es überhaupt als solches bezeichnen kann, ist veraltet, weil es wie das Konzept der Planetentage mit dem tatsächlichen Geschehen am Himmel nichts zu tun hat.

Du brauchst dich nicht mit Planetenstunden und -tagen zu plagen; sie werden von fortgeschrittenen Astrologie-Studenten für konkrete Techniken verwendet und nicht von Anfängern. Ich versichere dir, dass das alte System der Planetenstunden nicht auf Tatsachen beruht. Tag und Nacht in zwölf gleich große Teile zu untergliedern mag am Äquator ganz gut funktionieren, nicht aber in nördlichen oder südlichen Breitengraden. Eine echte Planetenstunde variiert zwischen 50 Minuten und 3 Stunden. Der Zeitpunkt dieser Planetenstunden variiert je nach Ort. Auch ist es völliger Unsinn, den Wochentagen einen Planetenherrscher zuzuordnen – das ist reinster Aberglaube. Die erste Stunde des Samstags etwa wird angeblich von Saturn beherrscht. Wenn du irgendeinen Samstag im Juli herausgriffest und verbesserte Planetenstunden-Horoskope konsultiertest, würdest du feststellen, dass der Mond zu dem Zeitpunkt, an dem ich gerade diese Zeilen schreibe (auf den Britischen Inseln), tatsächlich über diese Stunde herrscht. Wenn du es wirklich so genau wissen willst, kannst du dir diese Horoskope für dich und deinen derzeitigen Standort berechnen lassen. Es gibt viele gute Astrologen, die sich mit der Materie gut genug auskennen. Diese Horoskope können im Alltag wertvolle Dienste leisten, zum Beispiel die Merkurstunde für das Verfassen wichtiger Briefe oder die Jupiterstunde für die Schaffung von Möglichkeiten.

Ich glaube, dass zur Aufzeichnung kosmischer Energie die Astrologie in Verbindung mit deinem Geburtshoroskop die beste Methode ist. Letztendlich ist Astrologie die Wissenschaft von Energiemustern. Du beginnst mit deiner persönlichen Potenzial-Karte, deinem Geburtshoroskop, und leitest davon ab, welche Planeten die wichtigsten Bereiche deines Lebens beherrschen. Seit deiner Geburt haben sich die Planeten weiter bewegt, sind am Himmel entlang gezogen und haben dabei immer angegeben, wie sich die Energien auf das Erdenleben auswirken. Sie zeigen auch an, wie dich dies als Individuum beeinflusst hat. Wenn die Planeten um deine Geburtsplaneten kreisen, sind sie »im Transit«. Bildet irgendeiner dieser Planeten einen bestimmten Winkel oder Aspekt zur Position eines dieser Planeten in deinem Horoskop (auch »persönlicher Planet« genannt), dann geschieht etwas ganz Besonderes. Es fließt Energie, und diese Energie kann man nutzen.

Es gibt drei Arten von Aspekten: günstige, ungünstige und neutrale. Ein »günstiger« Aspekt bedeutet, dass der Planet im Transit deinen Geburtsplaneten auf positive, förderliche Weise beeinflusst und dadurch den Lebensbereich in den Vordergrund rückt, der vom Geburtsplaneten beherrscht wird. Dazu ein praktisches Beispiel: Angenommen, der Planet Venus herrscht in deinem Geburtshoroskop über Geld. Ein günstiger Aspekt von einem Planeten im Transit könnte dazu beitragen, dass mehr Geld in dein Leben fließt. Du hast die Wahl. Das Potenzial zur Erhöhung der Geldmenge ist vorhanden. Wenn du es annimmst, arbeitest du mit den natürlichen Gezeiten, und der Erfolg stellt sich leichter ein. Natürlich hängt vieles vom Wesen des Planeten im Transit ab. Ein Jupitertransit könnte dir beispielsweise die Möglichkeit bieten, mehr Geld zu verdienen. Ein Saturntransit hilft dir, mehr Geld zu sparen und eine finanzielle Grundlage zu schaffen. Wichtig zu wissen ist, über welches Thema der Geburtsplanet herrscht, um welchen Aspekt und um welchen Planeten im Transit es sich handelt. All dies zusammen zeigt dir ziemlich genau, wie Ereignisse in deinem Leben vermutlich stattfinden.

Aber jedes Ding hat zwei Seiten – es gibt auch den ungünstigen Aspekt. Er kann Aufregungen, Qualen, Probleme oder Sorgen bedeuten. Ein ungünstiger Aspekt lässt zwar auf Probleme schließen, doch sind diese nicht unüberwindlich. Vergiss nicht, dass es im kosmischen Energieplan keine Zwänge gibt. Wenn du an einem ungünstigen Aspekt nichts änderst, dann entgleiten dir die Dinge vermutlich vor allem auf Grund der Vorstellungen, auf die dich die Gesellschaft konditioniert hat. Beschließt du aber, dich mit diesem ungünstigen Aspekt zu befassen, dann kannst du womöglich nicht nur die Probleme erfolgreich aus dem Weg räumen, sondern den Aspekt sogar zu deinem Vorteil verändern. Ein so genannter ungünstiger Aspekt bietet dir die Gelegenheit, an dir zu arbeiten. Es mag zwar Schwierigkeiten geben, aber die kannst du überwinden. Die Energie dazu ist vorhanden und wartet nur darauf, von dir genutzt zu werden.

Angenommen, Venus herrscht in deinem Geburtshoroskop über Geld, aber diesmal wird sie ungünstig von Jupiter aspektiert. Die meisten Menschen würden sich vermutlich gehen lassen und über ihre Verhältnisse leben, so dass Gewinne schnell wieder zerrinnen. Diese Neigung hat mit Jupiters negativer Seite zu tun: der übermäßigen Ausdehnung. Hier musst du als Erstes die Ursache des Problems erkennen, um dann mit magischen Techniken etwas daran zu ändern.

Die dritte Art von Aspekten ist die, bei denen es keine Transite gibt. Sie heißen neutrale Aspekte, weil hier der Status quo weitgehend beibehalten wird. Es gibt keine Neigung, irgendetwas zu tun, sei es positiv oder negativ. Aber wirksame Rituale kannst du trotzdem noch durchführen. Vermutlich musst du dich dann etwas mehr konzentrieren, aber du kannst notfalls mit der Energie des nicht aspektierten Geburtsplaneten arbeiten. Ehrlichkeitshalber sollte ich dazusagen, dass du deine Rituale nicht nach diesen Energiegezeiten zu planen brauchst. Ein reiner, zielstrebiger Gedanke oder ein Wunsch, der von beharrlicher magischer Arbeit unterstützt wird, führt ebenfalls zu Ergebnissen. Wichtig ist, bei der Arbeit mit diesem System in Erfahrung zu bringen, was die Planeten für dich bedeuten. Anders gesagt: du musst wissen, welche Lebensbereiche von welchem Planeten beherrscht werden. Du musst auch das Wesen jedes Planeten kennen, denn dann kannst du die Art und die Wirkung des Transits beurteilen. Im Übrigen brauchst du nicht Jahre lang Astrologie zu lernen, es sei denn, du möchtest das. Es gibt viele kosmische Gezeiten und somit auch viele Arten von Horoskopen. Ständig werden neue entdeckt, doch die meisten davon sind von besonderer Natur und brauchen dich hier und jetzt nicht zu beschäftigen.

Entdecke deinen persönlichen Kontakt mit der Macht

Experimentiere auf deine Weise und notiere gewissenhaft Mond- und Planetenaspekte. Je mehr sich deine magischen Arbeitsmethoden weiterentwickeln, desto mehr persönliche Erkenntnisse wirst du sammeln. Du könntest aber auch regelmäßig den Mond beobachten und deine Gefühle und die Klarheit deiner Vorstellungskraft schriftlich festhalten. Führe dann Magie nur in Zeiten oder für die Dauer von Aspekten durch, in denen du dich besonders stark fühlst und deine Vorstellungskraft am lebhaftesten ist.

5

Die Kraft der Planeten

Magie ist die Wissenschaft, dein Unterbewusstsein – deinen persönlichen »Gott in dir« – zu nutzen und zu verstehen. Alles andere ist dieser entscheidenden Wahrheit untergeordnet. Kerzen, Roben, Räucherwerk, Chanten und Beschwörungen sind einfach Instrumente, die, wenn in den richtigen Händen, die Mitarbeit der grenzenlosen Macht deines Unterbewusstseins erfolgreich unterstützen können. Wie ist das möglich? Was ist das Unterbewusstsein? Schließlich kann man es weder sehen noch anfassen.

Obwohl die Wissenschaft darauf beharrt, dass alles messbar sein müsse, brauchst du etwas weder zu sehen noch anzufassen, um seine Existenz zu beweisen. Kann irgendein Wissenschaftler dir wirklich dabei helfen, Elektrizität zu »sehen«, oder dir ein Pfund Elektrizität schenken? Nein, natürlich nicht – und trotzdem existiert sie. Sauerstoff kann man weder sehen noch riechen, trotzdem weißt du, dass er in der Atmosphäre existiert und dass du ohne ihn sterben würdest. Der Beweis ist nicht die Messbarkeit, sondern die Anwendung. Du wendest Elektrizität an, du benutzt (atmest) Sauerstoff und nutzt die Kraft des Unterbewusstseins, meist ohne es zu wissen. Was reguliert deine Atmung, deinen Herzschlag? Was heilt deine Wunden, was ließ deinen Körper wachsen, als du ein Kind warst? Die Antwort lautet: dein Unterbewusstsein oder, genauer gesagt, ein Teil davon. Denke an die unzähligen »automatischen« Abläufe in deinem Körper. Alle werden gesteuert, ohne dass du dazu etwas tun müsstest. Kannst du dir vorstellen, wie schwierig, ja unmöglich, das Leben wäre, wenn du über all das nachdenken und es selbst organisieren müsstest?

Dein Unterbewusstsein ist so mächtig, dass es mit keiner deiner Bitten überfordert ist – und obendrein führt es auch alle Abläufe aus, die es schon seit deiner Geburt steuert. Kein Wunder, dass man das Unterbewusstsein manchmal auch inneren Gott oder Tempel des Verstandes nennt. Jahrhunderte lang haben kundige Menschen versucht, ihren Mitmenschen beizubringen, dass sie die Meister ihres eigenen Schicksals sind, dass sie wirklich Macht haben und der Gott in ihnen die Antwort auf alles ist. Leider finden sie nur bei wenigen Gehör, denn viele Menschen akzeptieren lieber einschränkende religiöse Dogmen, abergläubische Praktiken moderner Esoterik oder das Gefasel eines Geistführers. Wenn du dir Erfolg, Glück und Macht wünschst, dann mache dich auf die Suche nach dem Gott in dir. Dazu brauchst du weder einen Pfarrer noch einen Guru noch einen anderen Vermittler, sondern nur die Entschlossenheit, etwas zu finden, was dir bereits gehört – die grenzenlose Macht deines Unterbewusstseins.

Da dies ein Buch über praktische Magie ist, wird es sich nur mit der Fähigkeit des Unterbewusstseins, Materie zu beeinflussen, beschäftigen. Wie ist das möglich? Weil eben alles auf der Erde, ja tatsächlich alles im gesamten Universum, aus träger Materie besteht, die durch Energie oder Lebenskraft belebt wird. Energie ist überall. Nichts könnte ohne sie existieren. Verändert man die Art der Energie, so verändert man das Erscheinungsbild und das Wesen der trägen Materie, in der sie enthalten ist. Zum Beispiel scheinen eine Birne und ein Kohlkopf wenig gemeinsam zu haben, was Form, Geschmack oder den Wachstumsprozess betrifft. Doch aus kosmischer Sicht liegt der wesentliche Unterschied einfach in der Art der Energie, die beide enthalten. Tu dies nicht als Hirngespinst ab, denn das ist es nicht. Die alten Alchemisten suchten nach dem Geheimnis der Verwandlung, das heißt der Fähigkeit, unedle Metalle in Gold zu verwandeln. Angeblich ist es einigen sogar gelungen! Die moderne Wissenschaft kann inzwischen das Wesen von Materie verändern, indem man sie mit Elementarteilchen beschießt. Oft ändert sich dabei die Struktur. Dabei wird lediglich das Energiemuster verändert und werden die Theorien bewiesen, von denen vernünftige moderne Magier schon seit geraumer Zeit sprechen.

Wenn du das Paradigma akzeptieren kannst, dass Materie durch eine Veränderung des ihr innewohnenden Energiemusters beeinflusst werden kann, dann verabschiedest du dich gleichzeitig von der irrigen Auffassung, dies könne nur in einem Atommeiler geschehen. Um Ergebnisse zu erzielen, bedient sich dein Unterbewusstsein der Lebensenergie, indem es Energiemuster entsprechend deinen Bedürfnissen verändert. Wie gesagt: Sieh dir die automatischen Abläufe in deinem Körper an. Wenn du dich geschnitten hast, bildet sich über der Wunde eine neue Hautschicht und schließt den hässlichen Schnitt. Ein körperlicher Zustand wurde verändert, weil dein Unterbewusstsein ihn für dich verändert hat, indem es das Aussehen der Wunde mit Hilfe natürlicher Energie veränderte. Wenn es dieses kleine Wunder vollbringen kann, ohne dass du etwas dafür tun musst, dann überlege dir, was es tun kann, wenn du ihm präzise Anweisungen gibst!

Die Fähigkeit deines Unterbewusstseins, Lebensenergie zu lenken und damit das Wesen von Materie zu verändern, ist der springende Punkt bei wirklichkeitsnahen magischen Praktiken. Wenn du auf Materie einwirkst, beeinflusst du die Umstände und damit deine ganze Zukunft. Es gibt auch anders lautende Theorien, in denen von Geschenken von Göttern, kosmischen Wesen, die sich um die Welt kümmern (nicht sehr erfolgreich, wie du vielleicht schon bemerkt hast), und den Karma-Philosophien die Rede ist. Vergleiche die beiden Sichtweisen. Einerseits gibt es da

das wissenschaftliche Paradigma von der Macht des Unterbewusstseins, auf der anderen Seite stehen die aus der Verzweiflung
geborenen Doktrinen. Sie kommen nicht ohne »Hintertürchen«
aus und machen Nichtgreifbarem wie beispielsweise Gottes Willen oder einer unbeweisbaren karmischen Schuld Vorwürfe,
wenn etwas schief geht – und das wird es unweigerlich! Diese
Dinge solltest du dir von nun an durch den Kopf gehen lassen und
dich als vernünftiger Mensch für die Realität entscheiden, wie sie
von der wissenschaftlichen Magie erklärt wird.

Zur magischen Praxis gehört unbedingt, dass du Energie verstehst, damit du sie erfolgreicher einsetzen kannst. Die Energiemuster sind allerdings so vielfältig und der Plan so komplex, dass
diese Dinge auf den ersten Blick schwer verständlich erscheinen.
Das sind sie glücklicherweise nicht, sofern du dich dem Thema
mit wissenschaftlichen Methoden näherst. Das Geheimnis besteht darin, den Energien erkennbare Kategorien zuzuordnen.
Das Wort »Pflanzen« beispielsweise stellt hier eine Oberkategorie
dar, die alles andere auf diesem Planeten ausschließt. Unterteilt
man sie in Unterkategorien wie »Gemüse«, »Blumen« und »Un-
kraut«, lässt sich jede davon wiederum in Sorten und Arten
untergliedern. Ziel dieser Übung ist nicht, Dinge zu verkomplizieren, denn kompliziert sind sie ohnehin schon. Vielmehr wird
dadurch das ganze Thema viel verständlicher. Jede Pflanze lässt
sich nun anhand der Klassifizierung identifizieren und besser
begreifen. Genau dasselbe Schema wendet man unter Zuhilfe-
nahme der Planeten auf die Lebensenergien an.

Die Planeten

Verabschiede dich gleich zu Beginn von der Vorstellung, dass
Planeten das Leben hier auf der Erde direkt beeinflussen. Es lässt
sich zwar tatsächlich beweisen, dass sich der Mond auf die Gezei-

ten auswirkt, aber es ist ein Irrtum zu glauben, der Planet Saturn, der mehrere hundert Millionen Kilometer entfernt und mit bloßem Auge fast nicht zu sehen ist, übe einen unmittelbaren Einfluss auf das Leben auf der Erde aus. Dieser Irrtum ist vermutlich auf die falsche Interpretation des Begriffs »Planetenherrschaft« zurückzuführen. Jeder kompetente Astrologe oder Magier weiß, dass das Wort »herrschen« nicht bedeutet, dass ein physischer Körper im All uns beherrscht. Vielmehr ist damit gemeint, dass bestimmte physikalische Objekte oder Ereignisse dem Grundwesen einer Energie *entsprechen*, die ihrerseits der klassischen Vorstellung von der inhärenten Bedeutung eines Planeten gleichkommt. Dazu ein Beispiel: Die Farbe Rot, das Metall Eisen, Unternehmungen, Initiative und Wagemut werden allesamt vom Planeten Mars »beherrscht«. Das heißt nicht, dass Mars diese Dinge beeinflusst, sondern dass die dem Mars zugeordnete Energie bei den erwähnten Objekten und Ereignissen vorherrscht oder ihnen entspricht. Wenn es um Herrschaft geht, solltest du immer an das Wort »entsprechen« denken. Dann verstehst du den oft missverstandenen Grundsatz der Entsprechungen beziehungsweise den »Grundsatz der Signaturen«, wie er bisweilen auch genannt wird, besser.

Planetenentsprechungen

Bei der magischen Arbeit musst du unbedingt die richtigen planetaren Entsprechungen verwenden – nicht weil die Götter sonst nicht zufrieden sind, sondern weil Gleiches Gleiches anzieht. Das heißt nicht, dass ein Klumpen Eisen, den du auf deinen Altar legst, die Kraft von Mars anzieht; das ist Unsinn. Ich meine damit, dass in diesem Beispiel die Assoziationen zu Eisen dabei helfen, das Unterbewusstsein in den richtigen Kanal zu leiten. Kannst du beispielsweise guten Gewissens Eisen mit, sagen wir, Liebe und Schönheit assoziieren? Wohl kaum. Eisen (in einer seiner Formen) erinnert uns an Kriegswaffen, da diese vom Wesen her marsianisch sind. Ähnlich können wir uns mit der Farbe Rot leichter auf die vom Planeten Mars verkörperte Energie einstimmen.

Gleiches zieht Gleiches an, wenn man Dinge assoziiert und den Geist in den richtigen Kanal lenkt. Daraus folgt automatisch, dass dir Ritualgegenstände, die einem bestimmten Planeten entsprechen, bei deiner magischen Arbeit auf sehr wissenschaftliche Weise helfen, sofern du die richtigen Entsprechungen verwendest. Listen zu Planetenentsprechungen findest du überall in diesem Buch. Du kannst bei all deinen magischen Arbeiten vertrauensvoll auf sie zurückgreifen.

Planetenenergien einsetzen

In der Kerzenmagie kann man mit »äußeren« und »inneren« Planetenentsprechungen arbeiten. Zuvor solltest du aber mit dem Inhalt des vorhergehenden Kapitels, insbesondere mit der Technik, wie man den inneren Tempel öffnet, richtig vertraut sein. Das ist für deinen Erfolg ganz entscheidend, denn der innere Tempel stellt ja das Fundament dar, auf dem du dein individuelles, machtvolles Magiesystem aufbauen kannst. Bisher hast du verallgemeinert und bist einem offenen Handlungsplan gefolgt. Jetzt bringst du Planetenenergien ins Spiel, indem du deinen inneren Tempel auf sie einstimmst.

Die Arbeit mit äußeren Entsprechungen bedeutet, dass du in dein Ritual materielle, also greifbare, Gegenstände einbringst, die an die verwendete Planetenenergie erinnern. Nehmen wir beispielsweise ein Ritual, das sich der Energie der Venus bedient. Die Farbe Grün sollte so oft wie möglich zum Einsatz kommen, beispielsweise in Form von grünen Kerzen, einer grünen Altardecke oder grünen Kerzenhaltern. Auf den Altar kannst du auch ein grünes Planetensymbol oder eines auf grünem Hintergrund stellen. Entwickle dazu deine eigenen Ideen. Der persönliche

Einsatz bei der magischen Arbeit ist durch nichts zu ersetzen. Die Zahl Sieben (7) ist ebenfalls venusisch. Wenn du genügend Platz hast (und es dir finanziell leisten kannst!), verwende sieben grüne Kerzen oder markiere eine einzelne Kerze so, dass sie die Zahl 7 verkörpert; dazu ritzt du entweder von oben nach unten sieben Linien im gleichen Abstand oder einfach die Zahl 7 ein. Du kannst auch venusisches Räucherwerk verwenden, zum Beispiel Rose. Die der Venus zugeordnete Haupthimmelsrichtung ist Norden. Stelle deine Kerze(n) also an dieser Stelle auf den Altar. Ist dir dabei die mittlere Kerze im Weg, dann stelle sie einfach woanders hin, sobald du sie bei der Eröffnung angezündet hast. Vergiss nicht, flexibel zu bleiben. Wenn du Dinge verrücken musst, ist das nicht weiter schlimm. Falls gerade irgendwelche Götter hereinschauen, haben sie bestimmt nichts dagegen.

Die innere Arbeit geschieht, wie du nun schon weißt, im Geist, in der Vorstellung. Mit etwas Erfahrung kannst du mit sehr wenig Utensilien auskommen, aber du musst bei jedem Kerzenritual immer deine Vorstellungskraft einsetzen. Tust du das nicht, bleibt der Erfolg aus. Mit etwas Übung lässt sich der innere Tempel relativ einfach einstimmen.

Sobald du ihn eröffnet hast (siehe Kapitel 3), behalte deine Absicht im Sinn und zünde deine Planetenkerze(n) an. Stelle dir vor, die richtige Elemente-Tür öffnet sich, und Licht in der entsprechenden Planetenfarbe strömt in den Tempel und erhellt den Teich in der Mitte. Präge dem Teich deine Absicht mit einem einfachen Schlüsselwort wie »Liebe«, »Geld« oder »mehr Gesundheit« ein. Sieh dieses Wort auf der Wasseroberfläche oder stelle dir vor, du schreibst es mit dem Finger ins Wasser. Gestalte das Ritual nach eigenen Ideen und Vorlieben ganz persönlich. Sieh jetzt, wie sich der Teich in einen Wasserspringbrunnen verwandelt, der in derselben Planetenfarbe erstrahlt. Sieh, wie sich der Tempel mit demselben Licht füllt, das dann durch die vier Elemente-Türen in die Außenwelt strömt. Halte inne, um dies in aller Ruhe zu betrachten, und vergiss dabei nicht, positiv zu sein und kreatives Denken einzusetzen. Beim Abschluss des Rituals siehst du, wie sich der Springbrunnen in einen ruhigen Teich zurückverwandelt. Sieh, wie das Licht entschwindet, und schließe dann den Tempel, wie in Kapitel 3 beschrieben.

Die Anwendung von Planetenentsprechungen

Deine Absicht bestimmt, welche Planetenenergie du einsetzen wirst. Ist diese Entscheidung getroffen, schlägst du einfach bei den jeweiligen Entsprechungen nach und lässt diese in dein Ritual einfließen.

Angenommen, du möchtest Überfluss in dein Leben einladen. Darüber herrscht der Planet Jupiter. Seine Farbe ist Blau, die du in das Ritual einbringst, beispielsweise in Form einer blauen Altardecke, blauen Kerzen und, wenn möglich, blauen Kerzenhaltern. Die magische Himmelsrichtung ist Westen. Als Räucherwerk ist Sandelholz oder jedes andere qualitativ hochwertige Jupiter-Räucherwerk geeignet. Edelsteine fördern die Konzentration. Saphire sind teuer, aber es gibt auch billigere Mineralien. Jeder blaue Halbedelstein erfüllt genauso seinen Zweck. Lege diese Steine sichtbar auf den Altar. Wenn du möchtest, kannst du das Planetensymbol auf den Kerzen anbringen. Das Altarsymbol fördert ebenfalls die Konzentration. Du kannst es auf ein Stück Pappe oder Zeichenkarton malen und diesen dann an einer geeigneten Stelle auf den Altar legen.

Die Gestaltung deines Altars bleibt weitgehend dir überlassen. Lass dir etwas einfallen, sei erfinderisch, und denke daran, dass das Endergebnis umso besser ausfallen wird, je persönlicher du dich auf den Prozess einlässt. Die anderen nützlichen Symbole, die du am Anfang der Abschnitte zu den einzelnen Planeten findest, können sich als sehr wertvolle Hilfe bei der persönlichen Gestaltung deines Rituals erweisen. In diesem Beispiel könntest du den Altar etwa mit ein paar Eichenblättern sowie einigen Kastanien verzieren und eventuell ein paar Kleeblumen in einer kleinen Vase oder Schale aufstellen. Scheue dich nicht, bei deinen Ritualen neue Ideen – deine Ideen – auszuprobieren!

Das Meister-Ritual

Dies ist ein vollständiges Ritual, das dir gute Dienste leisten kann und sich je nach deinen Bedürfnissen abwandeln lässt. Die Worte stammen von mir. Du kannst sie übernehmen oder dir selbst welche ausdenken, wenn du schon etwas mehr Erfahrung hast.

Das Ritual setzt voraus, dass du dir über deine Absicht klar geworden bist sowie Tempel und Altar deinen Bedürfnissen entsprechend vorbereitet hast.

Nach einer angemessenen Ruhe- und Entspannungszeit stehst du auf und näherst dich dem Altar. Stelle dir vor, wie das innere Licht in deinem Herzen immer heller erstrahlt, und sprich: »**Gesegnet sei meine innere stille Mitte, die alles verbindet, alles herbeiführt und alles umfasst.**«

Zünde die mittlere Altarkerze an. Stelle dir vor, dass das Licht an den obersten Punkt der magischen Kugel wandert, und sprich: »**Gesegnet sei die Krone der Schöpfung.**«

Sieh die Krone in deiner Vorstellung, sieh dann, wie das Licht zum untersten Punkt wandert, und sprich: »**Gesegnet**

sei der würfelförmige Thron der Erde.« Stelle dir diesen Würfel vor.

Stelle dir einen Lichtstrahl vor, der Richtung Osten wandert, sieh das Symbol eines Schwertes und sprich: »**Gesegnet sei das Schwert des Lichts, mein Symbol für das Osttor.**«

Zünde die östliche Kerze an. Stelle dir einen Lichtstrahl vor, der nach Süden wandert, sieh einen Stab und sprich: »**Gesegnet sei der Stab der Macht, mein Symbol für das Südtor.**«

Zünde die südliche Kerze an. Sieh, wie sich der Lichtstrahl nach Westen ausdehnt, sieh einen magischen Kelch und sprich: »**Gesegnet sei der Kelch der Güte, mein Symbol für das Westtor.**«

Zünde die westliche Kerze an. Sieh, wie sich das Licht Richtung Norden bewegt, sieh einen magischen Schild und sprich: »**Gesegnet sei der Schild von** ⸻ **[Setze hier deinen Namen ein, denn es ist dein Schild], mein Symbol für das Nordtor.**«

Zünde die nördliche Kerze an. Halte inne und sprich: »**Von innerer Stille zu äußerem Glanz mögen die kosmischen Ringe entsprechend entstehen.**«

Stelle dir vor, wie die drei kosmischen Ringe, wie in Kapitel 3 beschrieben, entstehen. Sprich nun: »**Ich erkläre diesen Tempel nun für eröffnet.**«

An dieser Stelle kannst du Räucherwerk verbrennen und/oder bei ruhiger Musik entspannen und dich auf den nächsten Schritt vorbereiten: die Eröffnung des inneren Tempels.

Wenn du bereit bist, stehe auf, blicke nach Osten und stelle dir vor, du siehst das dir inzwischen vertraute gelbe Osttor. Sieh, wie es sich öffnet (zusammen mit entsprechenden Attributen wie der aufgehenden Sonne, wie oben angegeben), und sprich: »**Ich erkläre jetzt das Osttor für geöffnet. Mögen die Luftenergien ganz auf meine inneren Gedanken reagieren.**«

Verfahre genauso mit den anderen Himmelsrichtungen, und sprich dazu:

Süden: »**Ich erkläre jetzt das Südtor für geöffnet. Mögen die Feuerenergien auf meine inneren Weisungen reagieren.**«

Westen: »**Ich erkläre jetzt das Westtor für geöffnet. Mögen die Wasserenergien auf meine inneren Wünsche reagieren.**«

Norden: »**Ich erkläre jetzt das Nordtor für geöffnet. Mögen die Erdenergien auf meine inneren Beweggründe reagieren.**«

Richte deine Aufmerksamkeit auf den obersten Punkt, sieh die Krone, die jetzt mit sieben Edelsteinen besetzt ist. Jeder von ihnen repräsentiert eine Planetenkraft und hat die entsprechende Farbe (Rot für Mars, Grün für Venus und so weiter). Rufe dir in Erinnerung, mit welchem Planeten du arbeitest, und sieh, wie der jeweilige Edelstein zu leuchten beginnt. Sprich dazu: »**Möge die Kraft von _____ [Name des Planeten] von der Krone der Schöpfung aus ungehindert in diesen Tempel strömen.**«

Sieh, wie das Licht nach unten fließt, stelle dir dann vor, wie es durch die vier Elemente-Tore in den Tempel gelangt und ihn mit Farbe erfüllt. Tue deine Absicht kund und zünde symbolisch eine Kerze dafür an. Konzentriere dich jetzt auf den Teich in der Mitte. Sieh, wie er zu einem Springbrunnen des Lichts wird (je nach Planet hat der Teich natürlich eine andere Farbe), und sprich: »**Mit der grenzenlosen Kraft meines Un-**

terbewusstseins lenke ich jetzt die Energie von _____
[Name des Planeten], um mein Ziel _____ **[sprich
deine Absicht aus] zu erreichen.«** Sieh, wie das Licht deine
Absicht durch die vier Elemente-Tore hinausträgt. Richte
deine Aufmerksamkeit auf den untersten Punkt (den Würfel).
Sieh, wie er im selben farbigen Licht erstrahlt, und sprich
dann: **»Ich erkläre jetzt, dass sich die Energie von**
_____ **[Name des Planeten] am heutigen Tag auf der
Erde verwirklicht hat. Vom höchsten Punkt, über die vierfa-
chen Pfade der Macht, hat sich der Gedanke machtvoll im
Leben manifestiert, um** _____ **[bekunde deine Ab-
sicht] wahr werden zu lassen. Möge dies wahrhaftig so sein.«**

Lege eine kurze Pause ein, und sieh mit Hilfe von kreativem,
positivem Denken, dass das Endergebnis tatsächlich eintritt.

Schließe den Tempel. Sieh dabei als Erstes, wie sich der Teich
wieder beruhigt, und sprich dann: **»Lass Frieden darin herrschen.«**

Richte deine Aufmerksamkeit auf den obersten Punkt, sieh,
wie die Krone entschwindet, und sprich: **»Lass bis zum Höchsten dort Frieden einziehen.«**

Wende dich dann dem untersten Punkt zu, sieh, wie der Würfel entschwindet, und sprich: **»Lass bis zum Tiefsten dort
Frieden einziehen.«**

Jetzt kannst du die Planetenkerze(n) löschen oder weiterbren-
nen lassen – es bleibt dir überlassen. Wende dich jetzt den vier
Elemente-Punkten, im Osten beginnend, zu und sprich: **»Lass
Frieden im Osten einziehen.«** Sieh, wie sich die Tür schließt,
und lösche die Kerze.

»**Lass Frieden im Süden einziehen.**« Sieh, wie sich die Tür schließt, und lösche die Kerze.

»**Lass Frieden im Westen einziehen.**« Sieh, wie sich die Tür schließt, und lösche die Kerze.

»**Lass Frieden im Norden einziehen.**« Sieh, wie sich die Tür schließt, und lösche die Kerze.

Sprich abschließend: »**Möge überall Frieden einziehen. Ich erkläre diesen Tempel jetzt für geschlossen.**«

Lösche die Kerze in der Mitte und verlasse den Tempel.

Dieses Meisterritual wird sich als äußerst hilfreich erweisen, sofern du keine Zeit und Mühen scheust, es zu erlernen und durchzuführen. Denke daran, dass ein Ritual niemals seine volle Wirkung entfalten kann, wenn du dauernd über den nächsten Schritt nachdenken musst. Gute Rituale übt man so lange, bis sie einem in Fleisch und Blut übergegangen sind. Erst dann kannst du ein Gefühl für das Ritual entwickeln oder deine Vorstellungskraft zu größtmöglichem Effekt einsetzen.

Die Kraft der Sonne

Schlüsselworte: Heilung, Lebendigkeit
Symbol: ☉
Farbe: Gelb oder Gold
Metall: Gold (goldfarbene Gegenstände)
Magische Zahl: 6
Duft: Weihrauch

Edelsteine: Chrysolith, Aventurin, Diamant
Magische Himmelsrichtung: Süden

Andere nützliche Ritual-Utensilien: Sonnenblumen, Ringel-
blume, Lorbeerblätter, alle Zitrusfrüchte, Heliotrope, Mistel, Oli-
ven, Reis, Rosmarin, Safran, Walnüsse

Sonnen-Räucherwerk

Für das Arbeiten mit der Sonne, mit Heilung und der Mitte des
Selbst

Räuchermischung Nr. 1
5 Teile Weihrauch
1 Teil Zimt
1 Teil Muskatblüte
20 Teile Sandelholz
eine Prise Safran
einige Tropfen Sandelholz-Öl

Räuchermischung Nr. 2
4 Teile Weihrauch
2 Teile Benzoe
1 Lorbeerblatt
Ringelblumenblüten als Farbtupfer
1 Zimtstange
Benzoeharz zum Anfeuchten

Rituelle Anwendung: Vertrauen gewinnen, Ruhm, Glücksspiele,
Heilung, Herzbeschwerden, Ehre, Freude, Umgang mit höher
gestellten Beamten, Organisationstalent, Vergnügen (aller Art),
Beliebtheit, Sport, Lebendigkeit

Du wirst die Wahrheit über dich selbst erfahren. In dir, in der Mitte deines Seins, sprudelt eine gewaltige Quelle der Macht und überfließender Güte. So wie die Sonne der Mittelpunkt des Sonnensystems ist und unseren Planeten erhellt, uns Wärme schenkt und am Leben erhält, gibt es auch in dir eine Mitte, die erhellt und erhält. Diese Mitte deines Wesens, dein innerer Geist, vermag alles zu erschaffen, was du dir wünschst, indem er sich der Machtfülle kosmischer Lebensenergie bedient. Dein innerer Geist ist grenzenlos. Er kann und wird auf alle Anweisungen reagieren, die du ihm gibst. Weder kann noch wird er jemals versuchen, dir etwas zu verweigern oder wegzunehmen. Er ist einzig und allein dazu da, dir auf alle erdenklichen Arten zu helfen.

Selbstvertrauen kommt daher, dass man diese einfache Wahrheit akzeptiert; indem man erkennt, dass dieser innere Geist existiert, und lernt, wie man mit diesem Zentrum der Schöpfung kommunizieren und ihm Anweisungen geben kann. Überlege einmal, wie du mehr Vertrauen bekommen könntest. Das Wissen, dass du im Besitz der allmächtigen schöpferischen Kraft des Universums bist, gibt dir Sicherheit. Du hast diese Macht. Lehne sie nicht mit rationalen Begründungen ab und zweifle nicht daran. Akzeptiere einfach diese simple Wahrheit. Dein innerer Geist hat Kenntnis von allem, was existiert. Er hat die Fähigkeit, die gewaltigen Reserven der Lebensenergie anzuzapfen, die das Universum zu allen Zeiten durchdringt – Energie, die sich niemals erschöpft. Auf Grund dieser Verbindung zu allem Wissen, allen Lebewesen und dem gesamten kosmischen Energiefluss kennt dein innerer Geist weder Grenzen noch Beschränkungen. Nichts liegt außerhalb seiner Möglichkeiten. Er kann und wird um dich herum alles erschaffen, was du willst, ganz egal, was das sein mag.

Schon seit jeher haben weise, einsichtsvolle Menschen die gewaltige Macht des inneren Geistes bezeugt und anderen den Weg gewiesen:»Trachtet vielmehr nach seinem Reich, dann wird euch das andere zufallen« (Lukas 12,31).[4] Gott beziehungsweise das Reich sind weder von dir getrennt noch unerreichbar. Das Reich der Götter liegt in dir. Es ist dein innerer Geist. Wie könntest du von etwas getrennt sein, das ein Teil von dir ist? Wie könnte man es dir wegnehmen? Das geht nicht. Falsche Vorstellungen, Geisteshaltungen und unwahre Glaubenssätze trennen dich zwar scheinbar, aber in Wirklichkeit kann man dir das, was Teil von dir ist, nicht wegnehmen. Du besitzt dieses innere Reich; du hast schöpferische Kraft:»Jesus antwortete: ›In eurem eigenen Gesetz heißt es doch: Ich habe zu euch gesagt: Ihr seid Götter‹.«(Johannes 10,34). Akzeptiere diese einfache Wahrheit und lasse sie für dich arbeiten. Gestatte ihr den Zutritt zu deinem Geist. Gott liegt in dir, nicht in irgendeinem weit entfernten Teil der Galaxie oder in irgendeinem idealisierten Himmel. Der Gott in dir ist dein innerer Geist, und deshalb sind Gott und du dasselbe. Du hast schöpferische Fähigkeiten, du bist Gott ähnlich.

Falls du nur die grenzenlose Macht entdecken willst, die du wahrhaftig besitzt, dann wirst du dem Pfad des Friedens folgen, der zu innerer geistiger Achtsamkeit führt. Dein innerer Geist wird zuhören. Er wird dir Ratschläge geben, wird dich beschützen. Er wird für dich Dinge erschaffen, wenn du mit ihm kommunizierst – in Frieden. Nur in Frieden und Ruhe wird dein innerer Geist in der Lage sein, dich zu unterstützen. Lass daher Frieden in dein Leben einziehen und lerne mit der inneren Macht deiner Wesensmitte still zu kommunizieren. Du hast eine aufregende Reise vor dir – einen neuen Lebensabschnitt. Schon bald wirst du deine schöpferische Macht und deine Fähigkeit entdecken, alle Bereiche deines Lebens zu kontrollieren, indem du zu der einzig wahren Machtquelle Kontakt aufnimmst und mit ihr kommuni-

---

4   Dieses und die folgenden Bibelzitate sind zitiert nach: Gute Nachricht Bibel, Deutsche Bibelgesellschaft Stuttgart 1997.

zierst: deinem inneren Geist. Überall in diesem Buch wird dir eine Wahrheit mitgegeben, die dich befreien und Überfluss in dein Leben bringen wird. Entscheide dich hier und jetzt, diese Wahrheit regelmäßig umzusetzen und über sie zu meditieren, indem du sie für dich arbeiten lässt. Denke an das Wort »gestatten«. Erlaube deinem inneren Geist, sich von Wahrheiten anregen zu lassen. Gestatte ihm, für dich zu arbeiten. Habe Geduld und lasse zu, dass dein Leben sich dadurch zum Besseren wendet und du dir die friedliche Kommunikation mit deinem inneren Geist zu Nutze machst. Dann werden sich ganz automatisch Gelegenheiten ergeben, wie du vorwärts kommen kannst, und du wirst die Wahrheit über die Macht des inneren Geistes kennen lernen.

Alle magischen Farben stehen dir durch den Einsatz deines inneren Geistes und des inneren Tempels zur Verfügung, und jede entspricht reiner Energie eines bestimmten Typs.

Gold: die Kraft der Sonne, die Selbstverwirklichung und innere Macht schenkt

Silber: die Kraft des Mondes, die die Fähigkeit verleiht, auf Lebensenergien positiv zu reagieren

Orange: die Kraft des Merkur, die den Geist beruhigt und Intelligenz, Aufgewecktheit und Anpassungsfähigkeit schenkt

Grün: die Kraft der Venus, die die Fähigkeit verleiht, Materielles anzuziehen sowie Frieden, Harmonie und bessere Beziehungen zu anderen Menschen zu erleben

Rot: die Kraft des Mars, die Vitalität, Macht, Stärke und Mut mit sich bringt

Blau: die Kraft des Jupiter, die dir Überfluss, Wohlstand, Freude und Gelegenheiten beschert

Schwarz: die Kraft des Saturn, der Geduld, Ausdauer, Stabilität und handfeste materielle Gewinne mit sich bringt

Weiß: reines, blendendes weißes Licht, das Erkenntnis, Intuition, Einsichten und Macht an sich verleiht

All diese und weitere Farben stehen dir zur Verfügung und schenken dir ihre Macht. Akzeptiere diese Macht. Gewähre ihr Einlass in dein Leben. Sie gehört dir, sie kann dir nicht verweigert werden. In der geheimen Kammer deines inneren Geistes, in deinem inneren Reich, kommst du in Kontakt mit der Realität und der gewaltigen Macht, die dir zur Verfügung steht. Du darfst diesen Ort jederzeit aufsuchen, denn er wurde dir großzügig überlassen. Er gehört dir. Denke an die Wahrheit: Frieden ist gleich Macht. Wenn du friedlich bist, wenn du deinen Geist auf dieses innere Reich lenkst, dann wird dir Macht verliehen – Macht, die du auf verschiedenste Weise zur Verbesserung deines Lebens einsetzen kannst. Schritt für Schritt wirst du lernen, wie du mühelos in dieses innere Reich gelangst, indem du ruhig wirst und deine Vorstellungskraft einsetzt. Ich werde dich leiten und dir dabei helfen. Jeder Besuch in deinem inneren Tempel bringt dich in Kontakt mit Macht. Bald wirst du Erfolge sehen. Übe regelmäßig, selbst in belastenden oder schwierigen Zeiten. Werde still und suche in deiner Vorstellung diesen Ort auf. Stelle dich vor den Teich in der Mitte und bitte um Hilfe, bitte um Antworten. Erwarte, dass sich Antworten und Lösungen schnell und ganz automatisch einstellen – sie werden es tun! Würdest du einen allsehenden, allmächtigen, ganz und gar wohlmeinenden Gott um Hilfe bitten, würdest du ganz automatisch Ergebnisse erwarten. Dein innerer Geist ist dieser Gott, und weshalb sollte er dir nicht helfen? Er wird dir niemals etwas abschlagen, wenn du ihn nur darum bittest.

Was du tun solltest

1. Lies diesen Abschnitt mehrmals durch und nimm die darin enthaltenen Gedanken ganz in dich auf.
2. Übe die Ritualtechniken gewissenhaft, bis du mit den korrekten Abläufen völlig vertraut bist.
3. Befasse dich mit den Pflanzen und ihren Entsprechungen, wie sie in diesem und den folgenden Abschnitten beschrieben sind, damit du ein Planetenritual nicht nur korrekt durchführen kannst, sondern auch weißt, welchen Planeten du in einer bestimmten Situation einsetzen musst. Falls du dir nicht sicher bist, welchen Planeten du benutzen sollst, schreib einfach zu meinen Händen an den Verlag und mache in deinem Brief ein paar kurze Angaben. Ich werde dir dann weiterhelfen.

Die Kraft des Mondes

Schlüsselworte: Zuhause, Vorstellungskraft
Symbol: ☽
Farbe: Silber (du kannst silberfarbene Gegenstände benutzen)
Metall: Silber
Magische Zahl: 9
Duft: Jasmin
Edelsteine: Mondstein, Perle, Perlmutt
Magische Himmelsrichtung: Westen

Andere nützliche Ritual-Utensilien: Maßliebchen, Ampfer, Wasser, Iris, Lilien, Spiegel, Kürbisse, Goldlack

Mond-Räucherwerk

Ich habe drei Mond-Räuchermischungen angegeben, jeweils eine
für das Mädchen, die Mutter und die Alte (Hexe).[5]

Räuchermischung Nr. 1:
Für das Mädchen (Neumond)
2 Pfund Silberweidenrinde (frisch geschnitten und zerklei-
    nert)
1 Teelöffel Menthol
120 g Myrrhe-Gummiharz
1 Teelöffel Jasmin-Öl
1 Teelöffel Veilchen-Öl
eine kleine Iriswurzel

Alles gut vermischen und mehrere Monate lang aufbewahren.

Räuchermischung Nr. 2:
Für die Mutter, die Mutterfigur (zunehmender bis Vollmond)
180 g Fenchel
½ Würfel Kampfer
120 g Myrrhe
60 g Weihrauch
eine Prise Iriswurzel
1 Teelöffel bestes Jasmin-Öl
60 g zerstoßene Fenchelsamen

Alles fein mahlen und mehrere Monate aufbewahren.

---

5   Auch als Dreifaltige Mondgöttin, Archetyp der Großen Göttin, bekannt.

Räuchermischung Nr. 3:
Für die dunkle Mutter, die Hydra der Geheimnisse, Hekate
(abnehmender bis Dunkelmond – drei Tage vor Neumond)
1 Teil Mohnsamen
1 Teil Myrrhe
1⅓ Teile Iriswurzel
½ Teil Aloe vera
ein kleiner Spritzer Lavendel-Öl
1 Teelöffel Veilchen-Öl
Minzeblätter
½ Pfund Rosmarin
1 Teil Fenchel
½ Teil Mandragora (Alraunwurzel)
3 Teile Weihrauch

Die Zutaten werden gemahlen und lassen sich mehrere Monate lang aufbewahren.

Rituelle Verwendung: Verdauungsbeschwerden, Ausfluss, häus-
liche Angelegenheiten, emotionale Leiden, weibliche Beschwerden, Magenleiden, Drüsenbeschwerden, Hypochondrie, Schlaf-
losigkeit, Schwangerschaft, Schutz, öffentliche Angelegenheiten
und Image in der Öffentlichkeit, Ruhepausen, Romanzen. Der
Mond steht insbesondere mit dem Zuhause und der Magie im
Allgemeinen in Zusammenhang, da er über die Vorstellungskraft
herrscht.

Seit jeher stehen der Mond und sein Einfluss auf die Erde im
Mittelpunkt von Beobachtungen. Selbst heute ist seine magneti-
sche Anziehungskraft unbestritten, ebenso unleugbar ist sein un-
mittelbarer Einfluss auf das Meer und das Pflanzenwachstum.
Kein Wunder, dass der Mond in der Antike bei den magischen
Praktiken im Zentrum stand. Die Menschen verehrten ihn, und er

erschien, um ihre Arbeit zu segnen. Heute wird allgemein anerkannt, dass der Einfluss des Mondes auf die magnetische Anziehungskraft beschränkt ist, die er auf die Erdoberfläche ausübt. Diese Anziehungskraft ist zwar sehr groß, doch der Mond als solcher macht sich auch in anderer Weise bemerkbar.

Die magischen Kräfte des Mondes

Nur im Reich der Symbolik scheint der Mond magische Kräfte zu besitzen. Das solltest du nie vergessen. Als Symbol des kosmischen Energieflusses lässt sich der Mond, wie auch die anderen Planeten und die Sonne, verblüffend wirkungsvoll einsetzen. In einem Geburtshoroskop zeigt er an, wie jemand auf das Leben und seine Energien reagieren wird. Genauso verhält es sich auch mit dem Mond selbst. Seine Position am Himmel zeigt, wie die Erde reagieren wird. Zur Vereinfachung hat man die Mondposition in vier Phasen unterteilt: Neumond, erstes Viertel, Vollmond und letztes Viertel. Der Neumond bezeichnet praktisch den Beginn eines neuen Zyklus. Der Vollmond entspricht dem Zeitpunkt seiner größten Kraft. Die Viertel sind Anhaltspunkte auf dem Weg zwischen dem Kommen und Gehen der Mondgezeiten. In der Magie kann man wunderbar mit den Mondgezeiten arbeiten, vorausgesetzt, der gesunde Menschenverstand tritt an die Stelle der vielen Dogmen, die die Magie beherrschen wollen.

Die kosmische Macht beispielsweise fließt immer. Du kannst nie den Kontakt zu ihr verlieren, sonst würdest du aufhören zu existieren. Doch innerhalb dieses Energieflusses gibt es Gezeiten, die sich, richtig genutzt, durchaus als sehr wertvoll erweisen. Man kann diese Gezeiten ziemlich genau errechnen. In der Antike beobachteten die Menschen einfach die Planetenbewegungen vor dem Hintergrund der Sterne. Beim Mond ging das ganz gut, da er der Erde so nah und gut zu sehen war. Auch heute wird das so gemacht. Der Neumond und seine Phasen sind selbst mit bloßem Auge noch erkennbar. Leider täuschte diese unmittelbare Beobachtung über gewisse Fakten hinweg. Zwar läutet der Neumond unzweifelhaft den Beginn einer neuen Phase von Ereignissen ein, doch das darf man weder zu wörtlich noch allzu persönlich nehmen. Wenn der Neumond keinen Aspekt zu einem Planeten oder einem anderen sensiblen Punkt in deinem Geburtshoroskop bildet, dürfte sein Einfluss wohl eher gering sein. Die Annahme, Neumond sei der ideale Zeitpunkt für alle magischen Arbeiten, ist daher haltlos, denn man muss zu viele andere Dinge in Erwägung ziehen.

Wenn deine magische Arbeit bisher auf Mondgezeiten ausgerichtet war und du keine Ergebnisse erzielen konntest, könnte dies der Grund dafür sein. Es ist eine Sache, deine ganze magische Arbeit auf die Mondphasen zu gründen, aber eine andere, sie vernünftig einzusetzen. Wenn du dich in Astrologie gut auskennst, erkennst du schnell, wann es in deinem Geburtshoroskop Neumondaspekte geben wird. Aber das heißt noch lange nicht, dass alle anderen Neumonde völlig nutzlos sind! Wenn Neumonde Aspekte bilden, wird die magische Arbeit dadurch intensiver. Bilden sie keine, kann man sie trotzdem noch verwenden, selbst wenn sie nicht mehr so wirkungsvoll sind. Dazu reicht schon ein bisschen Willenskraft. Wenn du beispielsweise ein Boot zu Wasser lässt, kannst du entweder einen Gezeitenhochstand tatenlos abwarten oder es dann aufs Meer hinausschieben. Du musst dich dazu nur ein wenig bemühen. So ist es auch mit den Mondgezeiten.

In diesem Kapitel wollte ich dir zeigen, dass du dem Neumond nicht allzu große magische Kräfte zuschreiben solltest. Neumonde sind nützlich, aber nicht so einflussreich, wie manche Menschen glauben. Warum sich also überhaupt mit Mondgezeiten abgeben? Weil du mit ihnen, wenn du sie richtig einsetzt und richtig verstehst, deine magische Arbeit in vielen Bereichen verbessern kannst. Zuvor musst du allerdings Aberglauben und haltlose Überzeugungen über Bord werfen. Zweitens musst du die Mondgezeiten verstehen. Drittens musst du sie anwenden. Wie das geht, ist im Folgenden eingehender beschrieben.

Es folgt eine ganz besonders praktische Ritual-Methode, in der die Mondgezeiten bei der Problemlösung und leichteren Zielerreichung im Mittelpunkt stehen. Dieses magische Ritual ist praktisch für jeden Zweck geeignet; man benötigt dazu nur sehr wenige Gegenstände. Wie bei allen magischen Arbeiten ist aber auch hier dein Einsatz gefragt, wenn du Ergebnisse sehen willst. Es spielt keine so große Rolle, ob du ein Experte oder blutiger Anfänger bist oder ob du bei einem Versuch schon einmal gescheitert bist. Die Prinzipien, die ich dir verraten werde, werden funktionieren, sofern du dich genau an die Anweisungen hältst. Überstürze nichts, lasse dir Zeit, führe das Ritual gewissenhaft durch und verstehe, was du tust. Als Erstes wollen wir uns die Theorie ansehen, die hinter der praktischen Arbeit steht.

Für unsere praktischen Zwecke sind die Mondgezeiten sehr einfach zugänglich, und du brauchst kein umfangreiches esoterisches Wissen, um sie dir zu Nutze zu machen. Dieses Ritual arbeitet mit dem vollständigen Mondzyklus, das heißt, es beginnt bei Neumond, dauert ungefähr 28 Tage und arbeitet der Reihe nach mit jeder Phase. Den genauen Zeitpunkt dieser Phasen entnimmst du den Ephemeriden.

Leider rankt sich um die Mondgezeiten allerlei Aberglaube, der den Blick auf ihre wahren Kräfte verstellt hat. Bei Neumond stehen Sonne und Mond in Konjunktion; das heißt, sie arbeiten zusammen. Aus magischer Sicht gilt dies als Beginn eines neuen Zyklus – eines, der sich allgemein nutzen lässt. Erfahrenere Praktizierende sollten zwar die astrologischen Gegebenheiten – Zeichen, Häuserposition und die Wirkung von Aspekten auf ihr Geburtshoroskop – mitbedenken, aber trotzdem ist jeder Neumond und der daraus entstehende Zyklus hilfreich.

Praktizierende, die sich mit Astrologie auskennen, sollten alle relevanten astrologischen Gegebenheiten in Betracht ziehen, um die besten Möglichkeiten zu ermitteln. Zuerst sollten sie darauf achten, in welchem Zeichen der Neumond stattfand, da dies tatsächlich die Mondenergie verändern wird. Ein Neumond in Widder beispielsweise birgt andere Implikationen, besonders auf nationaler Ebene, als ein Neumond in Steinbock. Als Nächstes werden sie untersuchen, ob in ihrem Geburtshoroskop zwischen dem Neumond und der Planetenposition irgendein Aspekt entsteht. Das ist wichtig, weil jeder Aspekt ein Kanal ist, in dem die Energie fließen kann. Auch die Eigenschaft des Aspekts, die Planetenaspekte und die Häuserposition, liefern präzise, nützliche Informationen. Doch das sind schon die Feinheiten der Magie, an die sich der Normal-Praktizierende ohne ein gewisses astrologisches Gespür nicht heranwagen sollte.

Die Mondgezeiten sind jedoch nicht unbrauchbar – vorausgesetzt, du nimmst deinen gesunden Menschenverstand zu Hilfe. Du brauchst ja auch kein Botaniker zu sein, um Gemüse oder Rosen anzupflanzen, und kein diplomierter Ingenieur, um ein Auto zu fahren. Es kommt nur darauf an, wie tief du einsteigen willst. Einige wollen sich gründlich mit der Materie beschäftigen, andere eben nicht. Genauso ist es auch mit der Magie.

Den Mond anbeten, die Mondgöttin anrufen oder die Macht beschwatzen, indem man den Mond mit einem Schwert »herunterholt«, das sind keine Lösungen. Man könnte zwar argumentieren, dass das durchaus zu Ergebnissen führt, aber man könnte genauso gut behaupten, dass jeder zielstrebige Gedanke Ergebnisse liefert. Alles, woran du glaubst, wird bis zu einem bestimmten Punkt zu Ergebnissen führen. In der Magie nutzt du die Macht der Gedanken in Verbindung mit den kosmischen Gezeiten. Es ist daher viel besser, sich wirklichkeitsnah auf kosmische Energien einzustimmen. Damit sparst du Zeit und läufst nicht Gefahr, haltlose Glaubensmuster zu übernehmen, die früher oder später deinen Geist blockieren und so den weiteren Erfolg verhindern.

Die beste Methode ist, den gesunden Menschenverstand einzusetzen und mit der Macht direkt zu kommunizieren. Dazu solltest du die folgenden, klar definierten Schritte befolgen:

1. Wisse, was du willst. Viele Rituale scheitern kläglich, weil die betreffende Person sich vorher keine Gedanken darüber gemacht hat. Denke daran: Es ist sinnlos, zu hoffen, zu wünschen oder sich unklar auszudrücken. Damit verwirrst du nur dein Unterbewusstsein.
2. Plane dein Ritual gründlich voraus, kümmere dich um die Utensilien und die anderen Gegenstände.
3. Vor dem Ritual sollst du dich entspannen, alle täglichen Sorgen aus deinem Geist verbannen und besonders negative Gedanken, Zweifel, Ungewissheiten und Ängste vertreiben.
4. Führe das Ritual durch.
5. Hege in Bezug auf das Ergebnis nur positive Gedanken. Lehne negative Gedanken ab. Am besten vertreibst du sie mit kreativen Denkübungen, bei denen du dir ein positives Ergebnis vorstellst. Dadurch bleiben die Machtkanäle offen.

Das folgende Ritual basiert auf den Mondgezeiten und ihrer Symbolik. Du kannst es für praktisch jeden Zweck einsetzen. Die Eröffnungs- und Abschlusstechniken werden hier nicht besprochen, sondern sind jedem Einzelnen überlassen. Wer sich mit diesen Dingen nicht so gut auskennt, möge noch einmal in Kapitel 3 nachlesen. Mit diesem Ritual hast du Erfolg, wenn du deinen Geist über einen längeren, doch genau definierten Zeitraum hinweg auf deine Absicht einstimmst. Das funktioniert besser, als wenn du es nur sporadisch tust. Einmal begonnen, muss das Ritual den ganzen Mondzyklus lang fortgesetzt werden, nicht weil es irgendeinem inneren Wesen missfällt, wenn du aufhörst, sondern einfach, weil zielstrebige Gedanken zu Ergebnissen führen, besonders wenn sie mit präziser, bedeutungsvoller Symbolik verknüpft sind.

Symbolisiere zuerst deine Absicht. Am besten schreibst du sie auf. Du brauchst weder Runen noch hebräische, griechische, lateinische oder fremde Schriftzeichen zu benutzen. Es gibt keinen Ersatz für deine Muttersprache. Das ist die Sprache, die du verstehst, und wenn du weißt, was du sagst, wird dein Unterbewusstsein es viel leichter begreifen. Denke über deinen Wunsch nach, und zwar gründlich. Fasse ihn dann mit einem kurzen Satz zusammen, den du aufschreibst. Es ist wichtig, sich darüber Gedanken zu machen. Schreibe nicht einfach »viel Geld« hin. Das ist zu unbestimmt und eher ein Wunsch als ein Befehl. Zu Ergebnissen führt nicht das Wünschen, sondern nur zielstrebige Gedanken.

Fertige als Nächstes ein Symbol für den Mond an; du weißt ja: mit ein bisschen Einfallsreichtum und gesundem Menschenverstand kommst du weiter. Eine schlichte silberfarbene Scheibe aus Karton ist völlig ausreichend und funktioniert besser als irgendeine unverständliche Zeichnung, die du aus irgendeinem Grimoire kopiert hast. Du musst verstehen, darfst nicht bloß vermuten. Allzu oft schreibt man alten Zeichnungen magische Kräfte zu. Doch jedes Utensil wird erst dadurch magisch, dass es Einfluss auf deinen Geist nimmt. Solltest du die Zeichnung wirklich nicht verstehen, dann werden deine Ergebnisse eher kläglich ausfallen.

Überlege dir anschließend, wie du die Mondgezeiten, mit denen du arbeiten willst, symbolisieren könntest. Die sicher beste Methode ist es, eine Art Symbol für den Altar zu verwenden, auf dem die Mondphasen stehen. Zeichne beispielsweise ein Wotanskreuz auf Papier oder Karton. Lege dieses flach auf deinen Altar, so dass es in die richtige Himmelsrichtung weist (Perfektionisten wollen es vielleicht nach den magnetischen Polen ausrichten, aber das ist nicht so wichtig). In die Mitte stellst du ein Gefäß, in dem du deine Absicht aufbewahrst. Hier genügt ein kleines rostfreies Dessertschälchen. Du kannst auf jede Seite eine Kerze stellen. Das Mondsymbol sollte am östlichen Punkt, auf dem Symbol des Neumonds stehen.

Es werden vier Rituale durchgeführt: das erste bei Neumond, das zweite, wenn der Mond im ersten Viertel steht, das dritte bei Vollmond und das vierte am Tag des letzten Viertels. Die genauen Zeiten stehen meistens in den Zeitungen, einem astrologischen Kalender oder in den Ephemeriden. Sobald du den richtigen Tag ermittelt hast, plane dein Ritual und lege dir die Utensilien zurecht. Nun brauchst du dich nur noch zu entspannen, um dich in den richtigen geistigen Zustand zu versetzen. Nimm dir dafür so viel Zeit, wie du willst. Je entspannter du bist, desto bessere Ergebnisse wirst du erzielen, weil du dich unter Kontrolle hast.

Öffne wie gewohnt deinen Tempel und verbrenne geeignetes Räucherwerk. Nähere dich deinem Altar und zünde die rechte Kerze an. Sprich dabei passende Worte, um deinen Geist in die Realität dahinter einzuklinken. Da diese Kerze Macht repräsentiert, solltest du jetzt in deiner Vorstellung auf das gewaltige Potenzial kosmischer Energie zugreifen, das dir zur Verfügung steht. Drücke dies mit deinen eigenen Worten aus, etwa: »Mit dem Entzünden dieser Kerze erkenne ich die gewaltige, ewige, ausströmende Fülle kosmischer Energie an, die allezeit versuchen wird, meinen Wünschen zu entsprechen.« Du kannst beliebige Worte dazu sprechen, sofern du dir dabei diese grenzenlose, jederzeit kostenlos verfügbare Macht vorstellst. Zünde dann die linke Kerze an, die die Macht des Empfangens symbolisiert – anders gesagt, die Fähigkeit der Erde, sich auf den kosmischen Energiefluss in jeder von dir gewünschten Weise einzustellen und anzupassen. Dazu würden etwa folgende Worte passen: »Mit dem Entzünden dieser Kerze erkenne ich die Bereitschaft der Materie an, sich der kosmischen Himmelsrichtung nach meinem Willen anzupassen.« Nimm nun das Blatt Papier, auf das du deine Absicht geschrieben hast, und lege es auf den östlichen Punkt (Neumond), auf das Mondsymbol. Bringe es mit geeigneten Worten mit den Mondgezeiten in Verbindung, etwa: »An diesem Ort und zu diesem Zeitpunkt stelle ich meine Absicht auf die Mondgezeiten ein. Lasse die Macht ungehindert fließen, damit die Absicht in Erfüllung geht.« Setze dich jetzt hin oder steh auf, und führe die folgende magische Innenwelt-Übung durch.

Du wirst gleich deine eigene magische Innenwelt betreten. Streng dich nicht an, um geistige Bilder zu sehen. Du kannst die Augen schließen oder offen lassen, wie du möchtest. Unmittelbar vor dir befindet sich eine massive Eichenholztür. Du gehst in deiner Vorstellung darauf zu. Du berührst sie, und sie öffnet sich. Du gehst hindurch und findest dich auf einem Pfad wieder. Es ist dunkel. Der Mond scheint nicht, nur die Sterne leuchten. Doch du erkennst trotzdem alles deutlich. Du gehst den Pfad entlang, ohne nach rechts oder links zu blicken, denn auf dieser Reise hast du ein konkretes Ziel im Sinn. Es scheint heller zu werden. Allmählich geht die Sonne auf, und ein neuer Tag bricht an. Wenn es heller wird, erkennst du in der Ferne die Umrisse von Hügeln. Plötzlich tauchen die ersten Sonnenstrahlen auf, Vögel beginnen zu singen, und du kannst die atemberaubende Schönheit dieses wunderbaren Landes sehen.

Geh auf dem Pfad weiter, der zu einem riesigen, weißen Würfel führt. Geh immer näher heran, bis du vor diesem gewaltigen Gebilde stehst. Sieh dir an, wie vortrefflich es gebaut ist; aus reinweißem Stein, und doch ist keine Fuge zu

sehen – ein vollkommenes Meisterwerk, das weit über die
Fähigkeiten Normalsterblicher hinauszugehen scheint. Der
Pfad führt durch einen hohen Torbogen in dieses würfelförmige Gebäude. Betritt diesen Würfel durch den Torbogen.
Jetzt stehst du in einer riesigen Halle, die voll merkwürdiger
Machtsymbole ist. Es herrscht eine hoch geladene Atmosphäre, und du spürst die dich umgebende Energie. Dir
fällt auf, dass sie auf merkwürdige Art irgendwie wohltuend
und freundlich ist. Mitten in der Halle steht ein Altar aus
reinem Gold. Geh auf ihn zu. Darauf liegt ein kreisförmiges,
silbernes Symbol. Als du genauer hinsiehst, stellst du fest,
dass etwas darauf geschrieben steht. Zunächst sieht es wie
fremde Hieroglyphen aus, doch dann entpuppt es sich als
Worte in Deutsch. Als du noch genauer hinsiehst, wird dir
klar, dass es sich dabei um deine Absicht handelt. Wie eigenartig! Aber halt! Da steht noch etwas geschrieben:»Wenn du die
Macht des Mondes suchst, dann gib die richtige Zahl an und
geh durch die richtige Tür.« Welche Zahl könnte das wohl
sein? Welche Tür suchst du? Die Antwort ist ganz einfach.
Traditionsgemäß ist die Zahl des Mondes die Neun. Was
machst du jetzt?

Neben dem Altar steht ein großer Gong. Nimm den Schlä-
gel in die Hand und schlage neunmal den Gong. Etwas Eigen-
artiges geschieht. Die Halle füllt sich mit strahlendem silbernen Licht, und der Altar hat sich in einen glitzernden Springbrunnen verwandelt. Wie prächtig er ist! So, und wie war das
jetzt mit der richtigen Richtung? Wenn du dich in der Halle
umsiehst, wirst du vier Türen entdecken. Auf jeder steht eine
Mondphase. Das ist des Rätsels Lösung. Du brauchst nur
durch die Tür zu gehen, die der Mondphase entspricht, mit der
du arbeitest. An die erinnerst du dich natürlich noch. Nun
gehst du einfach auf diese Tür zu und hindurch und erforschst,
was dahinter liegt. Von jetzt an bist du allein. Hinter der Tür

wirst du einen Raum finden, in dem man dir helfen wird, deine Ziele zu erreichen. Präziser kann ich nicht werden, denn jeder muss sich diesen Räumen auf seine eigene Art und Weise nähern. Sei einfach natürlich, bitte um Hilfe und betrachte dein Ziel eine Zeit lang so, wie du es gern hättest. Hast du Zweifel, dann entspanne dich und tue nichts. Denke nur daran, dass deine innere Macht bereits weiß, was du brauchst. [Während dieser ganzen Phase kreativen Denkens hat sich Musik, die zu Wasser oder zum Mond passt, als sehr hilfreich erwiesen. Entsprechende Musikkassetten findest du in vielen Geschäften, und ich rate dir, sie einzusetzen. Du kannst sie während des gesamten Rituals abspielen.]

Nach einer angemessenen Zeit ist der Moment gekommen zu gehen. Du brauchst dabei nicht denselben Rückweg zu nehmen. Es ist eine magische»Innenwelt«, in der alles möglich ist. Dreh dich einfach mit dem Gesicht zur Tür, durch die du diesen Raum betreten hast, geh hindurch, und sofort bist du wieder an deinem eigenen Ort, in deiner eigenen Zeit. Damit ist das Mondritual beendet. Nun brauchst du nur noch den Tempel zu schließen, die Kerzen zu löschen und ins normale Leben zurückzukehren.

Dein nächstes Ritual führst du durch, wenn der Mond im ersten Viertel steht; diese Phase dauert ungefähr sieben Tage, aber es lohnt sich, den genauen Zeitpunkt nachzuprüfen. Natürlich wirst du die innere und äußere Symbolik entsprechend dem Anlass verändern. Steht der Mond beispielsweise im ersten Viertel, legst du das Mondsymbol auf den südlichen Punkt des Wotanskreuz-Diagramms, und während der inneren Reise steht auf der Tür in den inneren Tempel, durch die du gehen musst, das Symbol des zunehmenden Mondes. Diese Symbole sind in Abbildung 4 zu sehen. Die zwei verbleibenden Rituale werden bei Vollmond und während des letzten Viertels durchgeführt, wobei sich die Symbolik wiederum dem Anlass entsprechend ändert.

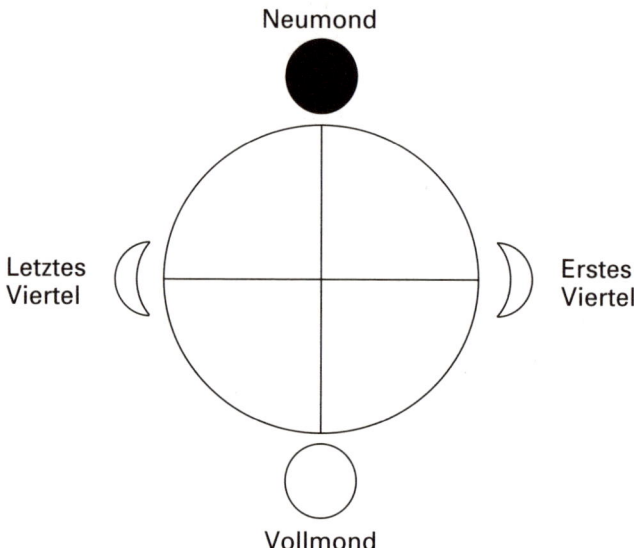

Abb. 4: Das Wotanskreuz und die Mondphasen

Die Kraft des Merkurs

Schlüsselworte: Kommunikation, Geist
Symbol: ☿
Farbe: Orange
Metall: Messing
Magische Zahl: 8
Duft: Amber, Lavendel
Edelsteine: Achat, Tigerauge
Magische Himmelsrichtung: Osten

Andere nützliche Ritual-Utensilien: Fenchel, Haselnuss, Andorn, Maiglöckchen, Majoran, Baldrian

Merkur-Räuchermischung

Da Merkur sozusagen der Patron der Magie und visionären Wege ist, gibt es für ihn verschiedenartige Räuchermischungen.

Räuchermischung Nr. 1
1 Teil Mastixharz
1 Teil Zimt-Öl

Räuchermischung Nr. 2
1 Teil Iriswurzel
1 Teil Fenchel
1 Teil Granatapfelschale
1 Teil Rotsandelholz
etwas Mohnsamen

Räuchermischung Nr. 3
1 Teil Beifuß
1 Teil Lein
etwas Kardamom
eine Prise Anissamen
Kampfer
etwas Wegwarte

Räuchermischung Nr. 4
1 Teil Baldrianwurzel
etwas Safran
etwas Johanniskraut

Räuchermischung Nr. 5
1 Teil Gewürznelken
1 Teil Weihrauch
1 Teil Mastixkörner
etwas Fingerkraut

Diese Mischung riecht gut.

Räuchermischung Nr. 6
1 Teil Veilchenwurzel
1 Teil Petersilie

Diese Mischung riecht unangenehm, ist aber sehr wirkungsvoll.

Rituelle Verwendungen: Geistesabwesenheit, Vereinbarungen (Darlehen und Verträge), Gedächtnisschwund, Angstzustände, Geschwister, Kauf und Verkauf, Autos, Konzentration, Husten, Ausbildung (Grund- und Hauptschule), Kopfweh, Hören, Hygiene, Unentschlossenheit, Intellekt, Interviews, Darmbeschwerden, Wissen, Lernen, Lungen und Lungenleiden, Gedächtnis, Nachbarn, Nerven und Nervenleiden, Tuberkulose, Verwandte, Gerüchte, Verleumdung, Sprache, Stottern, Diebstahl, Transport und Reisen (am Ort), Schwindel, Sorgen.

Der Planet Merkur symbolisiert das Bewusstsein. Der dem Merkur entsprechende Gott ist Hermes. Drei Pfade führen zum Licht der Erkenntnis: der hermetische oder magische Pfad, der venusische oder orphische Pfad und der mittlere oder mystische Pfad. Die hermetische Methode setzt, entsprechend der Vorstellung von Merkur als dem Planeten des Geistes, den Geist ein. Leider haben manche Menschen eine Neigung zur Hermetik und lassen sich so sehr in magische Techniken verwickeln, dass sie die Realität aus den Augen verlieren. Dann sehen sie den Wald vor lauter Bäumen nicht. Ihre geistige Beweglichkeit mündet dann in akademische Verwirrung. Die Schlüsselworte für Merkur sind »Flexibilität«, »Anpassungsfähigkeit« und »Kommunikation«. Oft fehlen diese Dinge in der modernen Magie, die zuweilen einen Hang zum Komplizierten und zur Geheimnistuerei hat.

Das Geistestraining gehört unbedingt zu jeder echten magischen Arbeit. Positives Denken *muss* ein Teil deines Lebens werden: Du bist, was du denkst. Positives Denken führt zu positiven, negatives Denken zu negativen Ergebnissen. Die wichtigste Lektion, die du von Merkur lernen kannst, ist, dein Denken nach akzeptableren und realistischeren Mustern neu zu ordnen. Ein richtig trainierter Geist kann klarer sehen und genauer bewerten und wird in den richtigen Händen zu einem wirkungsvollen Instrument. Es ist ein Irrtum zu glauben, dass irdische Intelligenz irgendetwas mit Macht zu tun hat. Es ist eine Sache, so genannte Fakten zu erlernen und ein »Intellektueller« zu werden, aber eine andere Sache, den Geist geschickt einzusetzen.

Willst du in dieser Welt Erfolg haben, musst du Prüfungen bestehen und beweisen, dass dein Geist zu großen Dingen fähig ist. Das ist aber nur scheinbar die richtige Methode. Derjenige, der sich wirklich ernsthaft mit den hermetischen Künsten befasst, würde sich damit nie begnügen. Mit dem Ablegen einer Prüfung beweist du lediglich, dass du gewisse Fakten erinnerst, die von der Prüfungskommission abgefragt werden. Das erfordert zwar bestimmte Kenntnisse, aber lässt sich daran deine wahre Fähigkeit, den Geist einzusetzen, messen? Wohl kaum. Diese Fakten könnten nämlich auch falsch sein. Stell dir vor, dass man Medizinstudenten einst beibrachte, Menschen Löcher in den Kopf zu bohren, um den Teufel herauszulassen! So viel zu den »Fakten« und Diplomen, die man jenen aushändigte, die diese Information zur Vernichtung völlig gesunder Menschen benutzten! Zum Glück hat sich der Beruf des Mediziners inzwischen von derartiger Scharlatanerie distanziert. Man hat entdeckt, dass Antibiotika und Chirurgie unter keimfreien Bedingungen tatsächlich Wirkung zeigen. Wer seinen Geist einsetzt, beweist seine *Denkfähigkeit* und nimmt nicht nur so genannte Fakten in sich auf und erinnert sich an Einzelheiten. Mit »Denken« meine ich eigenes, selbstständiges Denken. Das ist in der Magie ganz besonders wichtig, denn der Geist muss nach der Wahrheit suchen und mit ihr anders umgehen, als es die Normen vorschreiben.

Es ist sehr einfach, deinen inneren Tempel und die magische Kugel auf die Macht des Merkur einzustimmen. Du hältst dich dabei an die bereits in den vorangehenden Kapiteln besprochenen Methoden. Entscheidend ist, dass du in deiner Vorstellung sowohl äußerlich als auch innerlich die richtige Symbolik verwendest. Natürlich hängt die äußere Symbolik davon ab, ob du in den Tempel oder an deinen Arbeitsplatz all jene Dinge bringst, die Merkur zugeordnet werden. Du kannst bei deinem Ritual orangefarbene Altardecken und orangefarbene Kerzen verwenden. Wer gern Roben trägt, sollte sich etwas Orangefarbenes, vielleicht eine Schärpe oder Kordel, zu einem schlichten weißen Gewand besorgen. Schmuck ist eine Frage des Geschmacks und der persönlichen Entscheidung; vielleicht eignet sich ein in Messing gefasster Jadestein oder Botswana-Achat. Eine Altardekoration ist immer dann sinnvoll, wenn sie zu dem Planeten passt, mit dem du arbeitest. Allerdings brauchst du nicht mehr als die vier Achter des Tarotdecks. Diese legst du auf den Altar oder auf das entsprechende Viertel: die Acht der Schwerter gehört in den Osten, die Acht der Stäbe zum Süden, die Acht der Kelche zum Westen und die Acht der Münzen zum Norden. Das Deck von Waite ist viel symbolischer als andere, die man heutzutage kaufen kann. Die Bilder dieser Karten sind ideal für Kontemplation und Meditation. Schließlich leistet auch jede hochwertige Merkur-Räuchermischung oder Amber gute Dienste. Lavendel-Räucherstäbchen sind ebenfalls eine mögliche Alternative. Deine innere

Symbolik sollte klar und präzise sein und im Einklang mit der Realität stehen.

Hast du alle diese Hilfsutensilien bereitgelegt, dann plane dein Ritual, eröffne den Tempel und stelle dir vor dir eine Tür vor. Gehe durch sie hindurch in den inneren Tempel deines Geistes. Stelle dir vor, genau vor dir befände sich eine orangefarbene Wand, die zu Merkur gehört. Vor dieser Wand steht ein Altar. Gehe auf ihn zu und sieh nach, ob irgendeine Botschaft oder ein Symbol darauf liegt. Hinter dem Altar befindet sich eine weitere Tür; diesmal steht die Zahl 8 darauf. Sie könnte auch noch andere Symbole aufweisen. Sieh einmal nach! Gehe auf diese Tür zu, öffne sie, gehe hindurch und erkunde, was dahinter liegt. Bleibe geistig offen und lasse Bilder und Ideen ganz von selbst aufsteigen. Lass dich nicht entmutigen, wenn du keine farbenprächtigen Szenen siehst. Sehr oft dauert es eine Weile, bis man mit der jeweiligen Planetenenergie Kontakt aufgenommen hat. Vergiss nicht: je entspannter du bist, desto besser wird dieser Kontakt sein und desto mehr Informationen wirst du erhalten.

Du brauchst nicht im Geiste die ganze Liste von Zuweisungen durchzugehen. Die wahren Geheimnisse der Planetenenergien offenbaren sich dir, wenn der Geist durch deine Absicht eingestimmt ist und dann offen bleibt, damit das Unterbewusstsein die Information durch den so entstandenen Kanal leiten kann. Auf diese Weise stellst du zu jeder Planetenenergie einen ungehinderten persönlichen Kontakt her.

Die Kraft der Venus

Schlüsselworte: Anziehung und Liebe
Symbol: ♀
Farbe: Grün
Metall: Kupfer (du kannst kupferfarbene Gegenstände benutzen)
Magische Zahl: 7
Duft: Rose
Edelsteine: Smaragd, Onyx, alle grünen Steine
Magische Himmelsrichtung: Norden

Andere nützliche Ritual-Utensilien: Apfel, Brombeere, Klette, Kirsche, Huflattich, Narzisse, Holunderbeere, Stachelbeere, Traube, Honig, Minze, Stiefmütterchen, Poleiminze, Primel, Rose, Seide, Erdbeere, Taft, Verbene, Veilchen, Schafgarbe

Venus-Räucherwerk

Die folgende Venus-Mischung lässt sich gut über die heiße Holzkohle streuen. Du kannst sie auch bei einem trauten Abendessen zu zweit als dezenten Duft für einen Raum einsetzen, in dem gedämpftes Licht herrscht und leise deine Lieblingsmusik spielt. Du kannst die Mischung rituell oder einfach zum Spaß verbrennen. Es handelt sich um ein altes Venus-Räucherwerk. Alle Zutaten werden mit etwas Eiweiß oder etwas eigenem Blut vermischt. Da es sich hier um ein altes Rezept handelt, sind einige Zutaten nur noch schwer erhältlich. Nimm von jeder Zutat dieselbe Menge.

Räuchermischung Nr. 1
Moschus oder synthetische Moschuskristalle
Aloepulver

Rotes Korallenpulver
einige Tropfen Ambergris-Tinktur
(rote) Rosenblütenblätter

Die folgende Venus-Mischung stammt von mir:

Räuchermischung Nr. 2
1 Tasse Rosenblütenblätter
ein paar Tropfen Ambergris
2 Tassen Sandelholz, fein gemahlen
1 Teelöffel synthetischer Moschus
½ Tasse Benzoe
1 Teelöffel Rosen-Öl
1 Teelöffel Perubalsam
1 Teelöffel Amber

Die beiden letzten Ingredienzien sind nicht so leicht erhältlich, daher kannst du sie auch weglassen. Ich vermische die Zutaten und zermahle sie dann langsam zu feinem Pulver. Bewahre die Mischung mindestens ein paar Monate auf. Wenn du irgendwo Myrtenholz bekommst, kannst du es zu feinem Pulver raspeln.

Räuchermischung Nr. 3
3 Teile Rosenknospen
20 Teile weißes Sandelholz
5 Teile Rotsandelholz
2 Teile Rosen-Öl (löslich)
5 Teile Benzoe (am besten Benzoe Siam)
5 Teile Aloe (zerstoßen)
einige Tropfen Moschus-Öl
1 Teil Perubalsam
1 Teil Tolubalsam

Nach Belieben kannst du ein paar Tropfen deines Lieblingsparfüms dazugeben. Bewahre die Mischung in einem luftdichten Behälter auf. Dies ist ein modernes Rezept.

Räuchermischung Nr. 4
1 Teil Benzoe
1 Teil Weihrauch
1 Teil Cascarilla-Rinde
½ Teil Amber- und Rosen-Öl

Dies ist ein altes Rezept.

Bildwachs

Wenn dein Liebster/deine Liebste nicht »Wachs in deinen Händen« ist, kannst du ein Wachs herstellen, um ein Bild von ihm/ihr daraus zu formen. Nimm dazu 20 Teile reines Bienenwachs, 6 Teile Terpentin und 2 Teile Sesam-Öl. Färbe das Ganze nach Belieben mit Farbpulver. Verwende dieses Wachs nach Belieben, aber halte dir dabei immer die Ergebnisse vor Augen. Erhitze alle Zutaten langsam in einem Topf, und achte darauf, dass nichts anbrennt. Lasse die Mischung abkühlen, bis sie sich mit der Hand formen lässt. Das tut gut, wenn man an Rheuma leidet, und es erleichtert die Konzentration. Stelle dir vor, das Wachs sei ein steifes, kaltes Kniegelenk. Erwärme es am Feuer und stelle dir, während das Wachsbild weich wird, vor, das Rheuma würde verschwinden. Vielleicht hast du etwas anderes mit dem Wachs vor, aber ich empfehle dir, es nur für Heilzwecke zu verwenden!

Wenn du ein Wachsbild anfertigst, das deine Hoffnungen und Träume symbolisiert, sprichst du die ewige kosmische Sprache. Unterbewusste Kräfte werden sie erkennen und darauf reagieren. Nicht von Herzen kommende, langatmige Gebete werden jedoch unter Umständen ignoriert. Ein Wunsch, der in Wachssymbolen ausgedrückt wird, hat sich schon halb erfüllt, und ein stimmiges Bild wird immer zu einem greifbaren Ergebnis führen. Das ist der ganze Sinn und Zweck von Bildwachs: Symbole von Vorstellungen zu erschaffen, die du verwirklichen willst.

Deine Vorstellungskraft und Intelligenz befähigen dich, Bildwachs für jedes erdenkliche praktische Ziel einzusetzen: ein Zuhause, eine Arbeitsstelle, einen Luxusgegenstand oder eine gesellschaftliche Beziehung. Abgesehen davon, dass du damit greifbare Ergebnisse erzielen kannst, ist es ein äußerst wirksames Instrument in dem psychotherapeutischen Prozess, den man »Entdeckung des Wahren Willens« nennt. Selbst von einer völlig absichtslosen Bearbeitung des Bildwachses geht eine größere beruhigende Wirkung aus als von irgendeinem teuren modernen pseudo-magischen Spielzeug, das angeblich Verspannungen löst.

Ein Wachsherz kann Liebe oder Gesundheit symbolisieren. Nur wenn du selbst Einfallsreichtum und Vorstellungskraft einsetzt, wirst du entdecken, wie sich solch ein Symbol auf eine konkrete Situation anwenden lässt. Vielleicht musst du seine Form oder Größe anpassen oder es mit anderen Symbolen zu einem wächsernen Bild anordnen. Wenn du spürst, dass deine Wachssymbole einer fremden Intelligenz auf den ersten Blick verständlich sind, kannst du sicher sein, dass sie irgendeine unterbewusste Reaktion auslösen werden. Bewahre deine Wachssymbole an einem sicheren Ort auf, bis dein Wunsch in Erfüllung gegangen ist. Schmilz dann das Wachs ein und starte einen neuen Versuch. Ein Bild, das innerhalb eines Monats keinerlei Reaktion hervorgerufen hat, wurde vermutlich schlecht angefertigt. Versuche es noch einmal, und bediene dich diesmal einer anderen Symbolik. Wichtig dabei ist, dass du ganz allein darüber nachdenken musst, wie du deine Hoffnungen und Wünsche in Wachs ausdrückst. Jemanden um Rat zu fragen zerstört den Zauber, und der Misserfolg ist vorprogrammiert.

Rituelle Verwendungen: Zuneigung, Zusammenarbeit, Anziehung, Kameradschaft, Zufriedenheit, Wünsche, Verdienst, Verlobter, Verlobte, Finanzen, finanzieller Gewinn, Freunde, Glück, Einkommen, Gerechtigkeit, Nierenleiden, Freizeit, Kredite, Liebe und Liebesaffären, Luxus, Heirat, Geld, Eierstöcke, Partys, Partner, Frieden, Vergnügen, Besitztümer, Geschenke, Profit, Erholung, Entspannung, Reichtum, gesellschaftliche Anlässe, Halsbeschwerden, Verdienst.

Das der Venus zugeordnete Schlüsselwort ist »Sieg«. Das mag zwar eigenartig erscheinen, doch es gehört zu den Freuden magischer Entsprechungen, dass sie zahlreiche faszinierende Fragen aufwerfen. Wenn man die wahren Geheimnisse der Planetenenergien ergründen will – und nicht nur an das schriftliche Wort glaubt oder, wie es manche tun, offensichtliche Widersprüche von vornherein ignoriert –, muss man Lösungen für dieses Rätsel finden. Weder die eine noch die andere Methode ist sinnvoll, obwohl beide weit verbreitet sind.

Was genau versteht man unter »Sieg«? Heißt es, den Gegner fertig zu machen, jene zu überrennen, die zufällig schwächer sind, oder bedeutet es womöglich, dass man selbstgefällig auf einem mächtigen Thron sitzt und sich an den Qualen der Verlierer weidet? Nein! Das ist damit nicht gemeint. Solche Vorstellungen sind niemals Teil des wahren Lebensplans – und können es auch niemals sein –, der nur Vollkommenheit und Harmonie lehrt. Denke an die »Vorstellung« von Sieg als solchem. Sie lässt gute Gefühle von Leistung und Erfolg aufkommen. Was dabei erreicht wird, ist zweitrangig, verglichen mit dem tatsächlichen Gefühl, gesiegt zu haben. Während dieser vorübergehenden Bewusstseinserhebung vergisst man das Ergebnis. Ein paar Sekunden lang oder auch länger ordnet sich der Kampf und selbst der Gewinn jenem so wichtigen Siegesgefühl unter. Man fühlt sich einfach großartig.

Auf das Wort »fühlen« kommt es hier an, denn Gefühle haben Macht, genau wie Gedanken. Auf Grund ihrer Macht können sie dir unsägliches Glück bescheren oder dich in tiefste Verzweiflung stürzen. Wie oft hast du schon den Satz gehört: »Ich habe seine Gefühle verletzt«? Verletzte Gefühle sind oft schmerzhafter als eine offene Wunde. Diese kann man wenigstens verbinden oder mit einem Antibiotikum behandeln. Aber wie heilt man jemandes Gefühle? Genauso ist es, wenn jemand optimistisch, voller Lebensfreude oder verliebt ist: er oder sie ist nicht zu halten. Gefühle tragen das Individuum leichtfüßig durchs Leben. Warum? Die Antwort liegt wieder einmal in der bekannten Problematik von positiv versus negativ. Ein positives Gefühl im Hinblick auf einen bestimmten Lebensbereich ist genauso kraftvoll wie ein positiver Gedanke. Wenn du dich gut fühlst, blickst du vertrauensvoll ins Leben. Wenn du Kameradschaft spürst, bist du motiviert zu helfen, oft ohne dabei an dein eigenes Wohl zu denken. Wenn du Begehren fühlst, musst du das, was du begehrst, unbedingt an dich bringen. Hast du schon einmal versucht, eine Sehnsucht oder ein Verlangen nach etwas oder jemandem »abzustellen«? Das ist praktisch unmöglich. Wird dieser Wunsch hingegen richtig gelenkt, wird er das in dein Leben bringen, was du dir wünschst.

Bei Venus dreht sich alles um Anziehungskraft. Du musst die richtige Verwendung dieser mächtigen Kraft jedoch erlernen und nicht in nachlässige Sentimentalität und Selbstmitleid verfallen. Die Macht eines Wunsches ist so stark wie die Kraft eines Magneten. Tatsächlich sagt man oft von Menschen, die das »gewisse Etwas« zu haben scheinen, sie besäßen »persönliche Anziehungskraft«. Leider glauben die meisten Menschen, sie besäßen diese besondere Eigenschaft nicht. Aber da irren sie sich. So wie der Planet Venus in einem Geburtshoroskop vorhanden ist, so hast auch du von Natur aus irgendeine persönliche Anziehungskraft, eine Fähigkeit, andere anzuziehen. Du brauchst nur zu erkennen, dass es sie gibt und dass du sie nutzen kannst.

Grund für dieses Missverständnis ist oft, dass wir Menschen dazu gedrängt werden, uns mit dem »idealen« Mann, der »idealen« Frau zu vergleichen. Natürlich stellt man den Vergleich nur einseitig an, so dass man sich der »Norm« unterlegen fühlt, einer Norm, die von oben diktiert wird. In der Werbung geschieht das andauernd: Dort werden Menschen davon überzeugt, dass sie wie das vorgegebene Ideal aussehen können, sofern sie ein bestimmtes Produkt kaufen. Natürlich soll der Eindruck erweckt werden, du seiest so lange minderwertig, bis du dieses Produkt gekauft hast. Dein Wunsch, dich von anderen abzuheben, wird daher so manipuliert, dass man dir zuerst zeigt, dass du tatsächlich minderwertig bist, und dadurch deine Wünsche anspricht. Dann wird dir eine einfache Lösung geboten: das Produkt der Firma XY. Das Ganze erinnert an »Zuckerbrot und Peitsche« in seiner schlimmsten Form. In Wahrheit spielt es keine Rolle, was du trägst oder wie du aussiehst. Entscheidend ist, was du wirklich »bist« und welche Gedanken und Gefühle du aussendest. Sind sie negativ oder wirr, wird dir weder eine Flasche teures Parfüm noch eine Schönheitsoperation das ewige Glück bescheren.

Du bist, was du bist, und das Traurige an der Geschichte der menschlichen Rasse ist, dass du weitgehend das Produkt eines Vergleichs bist – zwischen dem, was du wirklich bist, und dem, was du meinst, denken und fühlen zu müssen. Schon immer haben sich Menschen dazu verleiten lassen, sich mit etwas Höherem zu vergleichen. Sofern man dies positiv sieht, können die Ergebnisse förderlich sein. Oft aber ist das nicht so. Die größten Manipulatoren sind wohl diejenigen, die die religiöse Macht besitzen, denn sie wollen dich mit irgendeinem Gott vergleichen, damit du schlecht abschneidest. Du wirst dazu überredet, zu irgendeinem Gott aufzuschauen, aber natürlich sagt man dir, dass du minderwertig bist. Noch schlimmer: Du glaubst es auch! Esoterik und Magie werden ähnlich missverstanden. Es ist sinnlos, dich mit jemandem zu vergleichen – sei es ein Gott oder ein

Mensch – und dann genau wie dieses Wesen sein zu wollen. Damit gibst du nämlich deine Individualität auf. Genauso falsch ist es, dich mit einem anderen Menschen oder einem Gott zu vergleichen und dich dann minderwertig zu fühlen. Das einzig Wahre ist, sich edle Eigenschaften anzusehen und danach zu streben, Gott ähnlich zu werden. Ein großer Lehrer hat einmal gesagt: »Ihr seid Götter« (Johannes 10,34). Tief in dir gibt es gottähnliche Eigenschaften, die lediglich wieder aktiviert und entdeckt werden müssen. Ein erster Schritt in diese Richtung ist, Vergleiche nüchtern und sachlich anzustellen.

Alles, was um dich herum, hier und jetzt, existiert, ist nur da, weil du es durch Willenskraft und den magischen Dreizack der Schöpfung – Denken, Vorstellen und Fühlen – ins Leben gerufen hast. In Venusriten geht es um Gefühle und die Fähigkeit, andere Menschen anzuziehen. Der wahre Sieg der Venus muss immer das erhabene Gefühl sein, dass man den größten Sieg über das eigene Selbst errungen hat. Wie ist das zu verstehen? Ich meine damit weder Selbstgeißelung, Selbsterniedrigung noch eine andere Form von Miesmacherei, wie sie Kulte und Religionen predigen. Damit gewinnt man nichts, sondern betrügt sich nur selbst. Ganz besonders solltest du dich vor jenen Sekten hüten, die die Unterwerfung deiner Wünsche lehren. Dies führt zu schweren Gefühlsbelastungen.

Der Sieg der Venus besteht lediglich darin, die Macht von Wünschen oder Gefühlen zu verstehen und einzusetzen. Die erste Lektion lautet immer: Beherrschung. Das heißt nicht, dass du ein Junggesellenleben führen oder es übertreiben und in sexuellen Phantasien schwelgen sollst. Sex ist völlig in Ordnung, aber ein paar Menschen fallen auf die Tricks von Hochstaplern oder Perversen herein, die esoterische Gruppen unterwandern oder meinen, jedes Ritual solle mit einer Art Gruppensex enden. Egal, welche Fetische diese Personen haben – ich wünsche mir sehr, dass die Menschen aufhören, solch ein Verhalten mit Magie in

Verbindung zu bringen. Wenn es tatsächlich Götter gibt, amüsieren sie sich vermutlich mehr über diejenigen, die während einer schwarzen Messe dem Teufel den Hintern küssen.[6]

Beherrschung bedeutet *vernünftige* Beherrschung, nicht Unterwerfung oder Unterdrückung. Unbeherrschte Emotionen sind nur kräftezehrend und tragen wenig zur Problemlösung bei. Besonders vorsichtig musst du bei persönlichen Beziehungen sein. Menschen, die ansonsten gesund und vernünftig sind, lassen sich manchmal von schwarzmagischen Ideen verführen und in eine Traumwelt einlullen in der Annahme, sie könnten tatsächlich jemanden dazu bringen, sie zu lieben. Ein ernsthafter Blick auf das Wort »Liebe« sollte genügen, um so etwas zu verhindern. Liebe bedeutet Freiheit, nicht Einschränkung. Du kannst niemanden dazu bringen, dich zu lieben. Sieh der Situation lieber ins Auge, sei realistisch und überlege, ob die Sache wirklich die ganze Aufregung und den Herzschmerz wert ist. Es kann natürlich auch sein, dass der Betreffende sich nicht traut, den Anfang zu machen, und sich deshalb lieber in eine Traumwelt flüchtet. Denn er glaubt, dass diejenigen, die pseudo-magische Zaubersprüche verkaufen, um andere dazu zu bringen, sie zu lieben, die Tatsachen verkennen. Du musst deine Hemmungen überwinden und dein Selbstvertrauen stärken, statt vorgefertigte Liebeszauber zu kaufen. Denk an die alte Maxime: »Wer nicht wagt, der nicht gewinnt.«

Wahr ist, dass du Dinge im Leben nicht nur mit deinen Gedanken, sondern auch mit deinen Gefühlen ins Sein rufst. Daher heißt die Lektion: Lerne deine Gefühle zu differenzieren, damit deine Wünsche zu einer gesteuerten Kraft und nicht zum Ärgernis werden. Sieh dir dein Leben an, überlege dir, was du haben möchtest, und stimme dich positiv darauf ein. Stelle dir im Geiste vor, was geschieht, und lasse Gefühle in deine Gedanken einflie-

---

6   Auch *osculum infame*, schändlicher Kuss, genannt.

ßen. Mit anderen Worten, bündele deine Wünsche. Es ist eine Sache, jemandem zu sagen, er solle ein günstiges Ergebnis visualisieren; aber es ist etwas ganz anderes, diese Bilder um Gefühle zu bereichern. Beim Einsatz deiner schöpferischen Fähigkeiten musst du sehr vorsichtig sein. Je zuversichtlicher du bist, desto besser wird das Ergebnis, und folglich ist es völlig sinnlos, stundenlang kreativ zu denken oder Visualisierungsübungen zu machen, solange du ängstlich, besorgt und unsicher bist. Diese Übungen solltest du mit Freude durchführen. So setzt du deine Gefühle richtig ein. Gib acht, dass sich keine alten Gewohnheiten einschleichen. Wenn du nicht begeistert bist, dann sporne dich dazu an. Wenn du gleichgültig bist, dann ändere dein Gefühl. Dadurch lenkst du nicht nur deinen Geist, sondern übernimmst auch Verantwortung für diese so wichtigen Gefühle.

Je öfter du diese Übung machst, desto leichter wird sie dir fallen. Ganz automatisch werden sich die Ergebnisse deiner Arbeit entsprechend deinen Bemühungen verbessern. Die Venus-Energie beinhaltet natürlich mehr, als sich nur Vorteile im Leben zu sichern. Doch die Regel lautet: Erst wenn du dein Leben – und damit deine Gefühle – im Griff hast, wirst du Zugang zu den inneren Geheimnissen der Venus-Macht bekommen. Das gilt für alle Planetenenergien. Meistere zuerst die materiellen Lektionen. Dann, und erst dann, wirst du in der Lage sein, dein Bewusstsein zu erheben und die Wahrheit der Planetenmächte zu verstehen. Bei Venus muss die Lektion lauten: Sieg über die Gefühle, die das Glück und den Seelenfrieden zerstören, sowie gründliche Beschäftigung mit und Anwendung aller positiven Dinge, die mit Venus zu tun haben: Schönheit, Kunst, Musik, Natur und harmonische Beziehungen mit anderen Menschen.

Die Kraft des Mars

Schlüsselworte: Energie, Antrieb, Wagemut
Symbol: ♂
Farbe: Rot
Metall: Eisen
Magische Zahl: 5
Duft: Benzoe
Edelsteine: Rubin, Granat und alle roten Steine
Magische Himmelsrichtung: Süden

Andere nützliche Ritual-Utensilien: Aloe, Katzenminze, Cayennepfeffer, Knoblauch, Weißdorn, Ysop, Senf, Nesseln, Zwiebeln, Pfeffer, Schwefel, Tabak

Mars-Räucherwerk

Mars, von einigen »das große Schicksal« genannt, ist kreativ und feurig und, wie das Feuer, ein guter Diener, aber ein schlechter Lehrmeister. Mit Mars muss man vorsichtig umgehen, sonst breiten sich während und nach dem Ritual in Windeseile Streit und schlechte Laune aus.

Räuchermischung: Moderner Mars
4 Teile pulverisiertes Drachenblutharz
4 Teile Raute
1 Teil Pfefferkörner
1 Teil Ingwer
1 Prise Schwefel
1 Prise magnetisierte Eisenspäne

Mahle die Zutaten und fülle sie in einen luftdichten Behälter. Die Pfefferkörner brennen möglicherweise in den Augen und bringen dich zum Niesen. Deshalb lasse ich sie bei meinem Rezept weg und nehme stattdessen Gewürznelken-Öl, gemahlene Nelken und Zimt. Es ist nicht ratsam, deine Gefühle zu entfachen, wenn du den Zauberspruch nicht lesen kannst oder beim Niesen deine fünf roten Kerzen ausbläst.

Rituelle Verwendung: Ambitionen, Blinddarmentzündung, Blutdruck, Verbrennungen, Eroberungen, Mut, Schnittwunden und Blutergüsse, Selbstverteidigung, Zahnärzte, Auseinandersetzungen, Störungen, Feinde, Unternehmungen, Fehden, Feuer, Brüche, Hernien, Entzündungen, Verletzungen, bösartige Attacken, Migräne, Operationen, Widersacher, Schmerz, Pickel, Ausschläge, Verbrühungen, Selbstvertrauen, Tapferkeit, Ausdruckskraft, Männlichkeit.

Von jeher assoziiert man mit Mars das Wort »Härte«. Es ist allerdings nicht besonders gut geeignet, weil es falsche Assoziationen weckt. Wie in den vorausgehenden Kapiteln beschrieben, ist es sehr wichtig, bei magischen Techniken negative Vorstellungen auszuklammern. Auch das Wort »Gerechtigkeit«, das ebenfalls mit Mars assoziiert wird, gerät durch diese Assoziationen in ein schlechtes Licht. Das geeignetste Schlüsselwort für einen Planeten findest du, wenn du ihn dir ansiehst. Wie gesagt, lasse keine negativen Vorstellungen zu, auch wenn diese bei Mars viel zu auffällig sind, als dass man sie übersehen könnte. Wir wollen uns nun ansehen, welche Rolle Mars tatsächlich spielt.

Mars ist der energetisierende unter den Planeten. Er ist verantwortlich für deinen inneren Antrieb. Er verleiht dir Stärke, Ausdauer und die Kraft, um Dinge zu erledigen und Hindernisse zu überwinden. Weise eingesetzt, stellt er eine gute Macht dar; falsch eingesetzt, führt er zu Konflikten. Die Ursache für deine marsischen Probleme liegen weit zurück in der Geschichte, als die Menschen buchstäblich um alles kämpfen mussten. Das Leben war ein einziger Kampf gegen die Elemente, wilde Tiere und andere Menschen. Es galt: kämpfen oder sterben. Eine Alternative gab es nicht. Automatisch wurden die Stärksten und Gesündesten zu Anführern. Nicht genug damit: Man nahm an, je stärker ein Mensch sei, desto stärker sei auch sein Stamm. Und das stimmte auch – in gewisser Hinsicht.

Allmählich wandten sich die Menschen spirituelleren Dingen zu, und es entstand eine Priesterkaste. Diese machte sich allerdings niemals von der tief verwurzelten Vorstellung frei, dass die Menschen erobern müssten, um erfolgreich zu sein. In Rom erschien Mars in seiner schlimmsten Form und beeinflusste die Römer, die in der Folgezeit Länder bis hinauf nach Britannien eroberten. Die Römer verkörperten marsische Werte und gaben diese an die frühen Kirchenstreiter weiter. Jahrtausende lang wurden den Menschen die negativen Energien des Mars aufgezwungen, die zudem noch als gesellschaftlich akzeptabel galten. Die meisten Gesellschaften regieren immer noch dadurch, dass sie Angst als Machtmittel einsetzen. Selbst am Rechtssystem wird dies deutlich. Sobald eine Bürgerwehr Vergeltung für ein Verbrechen übt, dann schlägt das Gesetz wie Thors Hammer zu. Er trifft aber nicht etwa den Verbrecher, sondern den Helden! Man kann nicht Soldaten darauf trimmen zu töten, ihnen geladene Gewehre geben und ihnen dann deren Gebrauch verbieten. Ebenso wenig kann man Rom und seine Nachfolger als Beispiel zitieren und dann erwarten, dass sich die Menschen wie Heilige benehmen. Die sinnlose Gewalt und der Vandalismus von heute sind die Folge einer marsbesessenen Gesellschaft, und solange man die negativen Aspekte dieses Planeten nicht neutralisiert, werden Gewalt und Zerstörungswut weiterhin zunehmen.

Du als Individuum hast eine Wahl. Du kannst deine Marsenergie in dir selbst neutralisieren und lernen, sie in den Griff zu bekommen, oder du kannst einfach zulassen, dass sie gegen dich arbeitet. Mars ist ein mächtiges Instrument – ein zweischneidiges Schwert. Es kann der Macht oder dem Elend zum Aufschwung verhelfen. Sei ehrlich: Was wäre dir lieber? Die Aufgabe fängt bei der Selbstdisziplin an, und das meine ich durchaus positiv. Selbstdisziplin ist ein sanfter Prozess, bei dem die Menschen sich einfach selbst in den Griff bekommen, und zwar nur deshalb, weil sie erkennen, dass unkontrollierte Energien ihnen und anderen Schaden zufügen können. Das hat nichts mit den Göttern zu tun, die zufällig viele negative Marseigenschaften an den Tag legen, sondern vielmehr mit gesundem Menschenverstand und der Erkenntnis, dass auf Grund des Gesetzes von Ursache und Wirkung alles, was du jemals aussendest, zu dir zurückkehrt. Es ist völlig richtig, keine Aggressionen oder andere negative Eigenschaften zu pflegen, denn das würde bedeuten, dass du dafür »bezahlen« musst; du wirst zwar nicht für eine Sünde bestraft, doch das Gesetz von Ursache und Wirkung wird dich treffen.

Du bist so, wie du denkst – so lautet das Gesetz. Kurz: Ursache und Wirkung. Denkst du an Aggressionen, so erntest du Aggressionen; denkst du an Hass, so erntest du Hass. Dies sollte jedem einleuchten, aber im Laufe der Jahrtausende wurde ganze Arbeit geleistet, um diese Lektion vergessen zu machen, und zwar so gründlich, dass der Durchschnittsmensch meint, er müsse um seiner Ehre willen allem und jedem Vorwürfe für seine eigenen Probleme machen. Dadurch werden die Missverständnisse aber nur noch größer. Doch wer könnte ihnen dafür einen Vorwurf machen? Sie kennen die Wahrheit eben nicht.

Wenn du wirklich vorhast, dein Leben und deine negativen Komplexe auch nur ansatzweise in den Griff zu bekommen, musst du zuerst bei dir und deinen Lebensumständen anfangen. Das Beherrschen und Lenken dieser impulsiven Marstriebe des Unterbewusstseins, mit deren Hilfe du deiner Zukunft Gestalt verleihen oder beliebige andere Aufgaben ausführen kannst, ist folglich nichts anderes als der Versuch, unsere Welt und das, was uns widerfährt, in den Griff zu bekommen. Und wir bekommen diese Triebe wirklich in den Griff, sei es im Guten oder im Schlechten, denn unser ganzes Tun und Denken wird vom Unterbewusstsein als Signal und Befehl interpretiert, genau die Ziele zu setzen, die es anstrebt. Deshalb beginnt Magie mit Selbstbeherrschung. Dafür wird ein weiser Mensch hundertfach belohnt, denn es heißt ja: »Dem Glücklichen widerfährt das Richtige.« Anders formuliert: Charakter ist Schicksal. Die meisten Menschen haben längst vergessen, was im Römischen Reich geschah. Sie meinen, dies sei für das heutige Leben unwichtig. Aber wenn du meinst, die römische Besatzung sei vorbei, dann solltest du noch einmal darüber nachdenken. Ich spreche hier nicht von Museumsrelikten und Touristenpfaden. Dank der vereinten Kräfte von Erziehung, Gesellschaft und genetischer Veranlagung sind die negativen Aspekte von Mars inzwischen so tief in unserem Unterbewusstsein und unserer Kultur verankert, dass es sehr schwer sein wird, sie auszumerzen.

Wer Magie praktiziert, steht vor demselben Problem, egal wie sehr er sich um Spiritualität bemüht. Der erste Schritt, um dies zu überwinden, ist, sich Selbstbeherrschung aufzuerlegen und zu lernen, schlechte Angewohnheiten wie Wut, Feindseligkeit und Streitsucht in den Griff zu bekommen, bis man die Vorteile erkennt, die dies mit sich bringt. An die Stelle von Ruhelosigkeit tritt Ruhe, und du wirst feststellen, dass andere Menschen plötzlich viel zuvorkommender und hilfsbereiter sind. Außerdem wirst du merken, dass du viel energiegeladener bist. Du wirst dich im wahrsten Sinne des Wortes stärker fühlen.

Auch den Hass und andere abgründige Emotionen musst du aus deinem Geist verbannen, denn sie verursachen ebenso viele Probleme in Form von inneren und äußeren Spannungszuständen. Vor allem musst du dir abgewöhnen, über vermeintlichen Kränkungen zu brüten. Damit erzeugst du Bilder in deiner Vorstellung, die dein Unterbewusstsein beeinflussen, welches wiederum versuchen wird, diese Bilder umzusetzen. Da du dein Unterbewusstsein mit negativen Vorstellungen fütterst, ist das Endergebnis zwangsläufig negativ: Meist treten Schwierigkeiten auf, die dir andere Menschen anscheinend bereiten oder die scheinbar unerklärliche Ursachen haben. Es ist leicht, eine Pechsträhne für die betreffende Situation verantwortlich zu machen oder einen Menschen weiterhin zu hassen, aber das ist keine Lösung. Vielmehr solltest du deine schlechte Angewohnheit zu Gunsten einer besseren ablegen und dich geistig auf Frieden und Liebe konzentrieren. Mit etwas Übung wirst du einschneidende Ergebnisse erzielen. Außerdem wirst du, wenn du dir Zeit nimmst und keine Mühen scheust, die Wahrheit über Phänomene wie etwa spontane Eingebungen und Vorahnungen erfahren, denn meistens kommen diese aus dir selbst und werden nicht von irgendeiner schwarzen Magie hervorgerufen.

Das beste Schlüsselwort für Mars ist »Energie«. Der erste Schritt, um die Geheimnisse dieser Planetenenergie zu entschlüsseln und zu nutzen, lautet: Lerne, deine eigenen Energien in den Griff zu bekommen, damit sie weder dir noch anderen Schaden zufügen. Die Folgen falsch gelenkter Energien siehst du in deiner Umgebung: an Sportfanatikern und Eiferern aller Art. Menschen lieben Kontrolle, vor allem die falsche Art von Kontrolle. Gewalt mit Gewalt zu vergelten, ist wirklich keine Lösung, und es hat wenig Sinn, dem Establishment oder etwas anderem Vorwürfe dafür zu machen. Selbsterkenntnis heißt die Lösung. Je mehr du die Wahrheit erkennst, desto mehr wird sie sich durchsetzen und frühere Fehler ausmerzen, nicht nur bei dir, sondern auch bei den meisten anderen Menschen. Du als Magie-Praktizierender bist es dir schuldig, die positiven Eigenschaften von Mars – Initiative, Wagemut, Courage, Kühnheit, Selbstvertrauen – zu pflegen und seine Energien richtig zu lenken. Damit hilfst du dir selbst und anderen dabei, viel von dem selbst auferlegten Elend aus dem

Weg zu räumen, das aus einer Zeit stammt, die du am besten ganz schnell vergessen solltest.

Lerne zuerst etwas über dich und bekomme deine Energien in den Griff. Dann, und erst dann, wirst du allmählich das wahre Potenzial und die wahre Macht von Mars erkennen. Mars verkörpert Macht, die Energie kontrolliert einsetzt. Er ist eine mächtige Kraft – eine Kraft, die du besitzt, und du hast ein Anrecht darauf, sie in den Griff zu bekommen. Ich schließe diesen kurzen Exkurs zum Mars mit den Worten eines Schauspielers ab: »Möge die Kraft mit dir sein.«

Die Kraft des Jupiter

Schlüsselworte: Ausdehnung, Glück, Gelegenheiten
Symbol: ♃
Farbe: Blau
Metall: Zinn
Magische Zahl: 4
Duft: Sandelholz
Edelsteine: Saphire und alle blauen Steine
Magische Himmelsrichtung: Westen

Andere nützliche Ritual-Utensilien: Spargel, Kastanie, Klee, Feigen, Limetten, Ahorn, Myrrhe, Eiche, Salbei, Zucker, Samt

Jupiter-Räucherwerk

Räuchermischung Nr. 1
10 Teile Sandelholz, fein gemahlen
2 Teile Benzoe(harz)
1 Teil Tolubalsam
2 Teile Sandelholz-Öl

½ Teil Cassia-Öl
½ Nelken-Öl

Füge dem Wasser etwas Salpeter hinzu und forme Kegel daraus, die du an einem kühlen Platz trocknen lässt.

Räuchermischung Nr. 2: ein altes Rezept
180 g Sandelholz
30 g Tolubalsam
etwas Muskatblüte
etwas Safran
10 Tropfen Zimt-Öl
15 g Aloe
einige Tropfen Moschus
120 g Nelkenpulver
3 Tropfen Nelken-Öl
Sandelholz-Öl
Allspice-Öl (nur ein Tropfen)

Rituelle Verwendungen: Reichtum, Gönner, Handel, Kommunikation (über große Distanzen und im Ausland), Gerichtshöfe, Diabetes, höhere Ausbildung, Außenpolitik, Vermögen, Hoffnung, Humor, Investitionen, Richter und Jurys, Jura und juristische Angelegenheiten, Leberleiden, Glück, persönliche Wertschätzung, Haustiere, Wohlstand, Rückerstattungen, Reichtümer, Steuern, Reisen (Fern- und Auslandsreisen), Fahren, Wetten, Wohlstand, Gewinnen.

Mit Jupiter kannst du unterschiedlich arbeiten. Dieser Planet herrscht zwar über bestimmte, genau definierte Gegenstände und Umstände hier auf der Erde, aber er übt keinen eigentlichen Einfluss aus, sondern steht nur symbolisch für eine bestimmte Art von Energie – nichts anderes. Im Reich dieses Planeten gibt es irdische Dinge, die dem grundlegenden Wesen der betreffenden Energie entsprechen. So entspricht Jupiter etwa der Farbe Blau, dem Metall Zinn und dem Duft von Sandelholz. Es heißt, er herrsche über diese Dinge, aber was nützt uns das? Ganz einfach: materielle Gegenstände, Farben und Düfte fungieren alle als Konzentrationshilfen. Wenn du die oben erwähnten Gegenstände beispielsweise bei einem Ritual kombinierst, werden sie dir helfen, dich auf das mit Jupiter assoziierte Energiemuster einzustimmen. Mit anderen Entsprechungen kannst du dich auf die Energien anderer Planeten einstimmen.

Das ist einer der Gründe, weshalb man auf die zahlreichen Entsprechungen in alten Grimoires am besten verzichten sollte. Erstens sind sie meistens ungenau, beruhen sehr oft auf persönlicher Interpretation und sind von mittelalterlichem Denken geprägt. Zweitens bist du mit Einfachheit immer am besten beraten. Verwende ein paar klar definierte und präzise Entsprechungen, und ergänze sie je nach deiner persönlichen Erfahrung und Erkenntnis um andere. Wenn du Jupiters Wahrheit ergründen willst, solltest du unbedingt auch sein Wesen verstehen. Auf praktischer Ebene ist Jupiter der Planet der Ausdehnung und wird daher mit Gelegenheiten, Überfluss, Glück und Wohlstand assoziiert.

Es ist ein weit verbreiteter Irrtum zu glauben, dass Wohlstand nur einigen wenigen Menschen vorbehalten sei oder, noch schlimmer, schädlich sei und deshalb vermieden werden sollte. In Wahrheit hast du nicht nur ein Anrecht darauf, sondern es liegt auch in deiner Hand, es zu Wohlstand zu bringen. Jedes Geburtshoroskop ist lediglich eine symbolische Auflistung von Potenzialen. In dieser Auflistung zeigen dir Position und Aspekte zum Planeten Jupiter, wie du in den Genuss seiner Wohltaten kommen kannst und, noch wichtiger, wie du sie vermutlich einsetzen wirst. Erinnere dich, dass das kosmische Paradigma keine Zwänge kennt. Es ist lächerlich, über Schicksal, Karma oder schlechte

Horoskope zu reden. Jupiter zeigt nur ein Potenzial an – das Potenzial, dich in jede von dir gewünschte Richtung auszudehnen. Das Einzige, was den Erfolg verhindern könnte, ist nicht der Planet, sondern die Art, wie du die von ihm verkörperten Energien einsetzt. Kurz gesagt: Deine verinnerlichten Glaubenssätze haben einen Einfluss darauf, wie jede einzelne Planetenenergie bei dir wirken wird. Im Fall von Jupiter besitzt du bereits das Wohlstands-Potenzial. Falls du nicht wohlhabend bist und Überfluss für dich ein Fremdwort ist, falls Gelegenheiten scheinbar an dir vorbeigehen, ist nicht der Kosmos schuld. Auch bist du nicht mit einem schlechten Schicksal geschlagen. Deine verinnerlichten Glaubenssätze sind es, die diese Energie in die falschen Bahnen leiten. Die Lösung heißt: Tausche sie gegen bessere aus. Darin besteht der Wert magischer Praktiken.

Eine der einfachsten Techniken ist das kreative Denken, mit dessen Hilfe du deinem Unterbewusstsein eine neue Idee einimpfen kannst. Nehmen wir beispielsweise den Wohlstand. Denke darüber nach, und stelle dir dann vor, du seiest wohlhabend. Was würdest du tun? Wohin würdest du gehen? Wie würdest du dich verhalten? Auf diese wichtigen Fragen solltest du eine Antwort finden. Statt zu akzeptieren, was dir das Leben scheinbar gibt, verändere es mit dieser einfachen Technik. Sie ist leicht anzuwenden, und man benötigt dazu keinerlei Ausrüstung. Wenn du sie regelmäßig und geistig entspannt anwendest, wird sie zu Ergebnissen führen, weil du zu deinem Unterbewusstsein so sprichst, dass es dich versteht. Außerdem ersetzt du die gewohnten Glaubenssätze, die deine Macht bisher eingeschränkt statt vergrößert haben. Erinnere dich: Alles, was du für wahr hältst, wird auch wahr. Es wird jetzt wirklich Zeit, dass du von jetzt an an etwas Besseres glaubst!

Wenn du das Reich pragmatischer Magie betrittst, stimmst du dich geistig auf den Planeten Jupiter ein, um Ergebnisse zu erzielen. Die Absicht deines Rituals solltest du dir sorgfältig überlegt haben, damit Zweifel, Unsicherheiten und andere geistige Ablenkungen erst gar keine Chance haben. Plane als Nächstes dein Ritual. Lass dich auf den Prozess ein. Je mehr du gibst, desto mehr bekommst du zurück! Überlege, welche Utensilien du verwenden willst, und bedenke, dass jeder Gegenstand symbolisch sein muss; er sollte, mit anderen Worten, eine Idee verkörpern, die der Art des Rituals entspricht.

Nach einer ordnungsgemäßen Tempeleröffnung stimmst du dich geistig auf die Energie Jupiters ein. Vergiss alles, was du über Götteranrufungen gehört hast. Sorge stattdessen mit deiner Vorstellungskraft dafür, dass du deinem Unterbewusstsein die richtige Symbolik vermittelst. Das ist ganz einfach, erfordert allerdings etwas Übung. Jupiter wird von der Farbe Blau symbolisiert. Versuche also, dir vorzustellen, dass blaues Licht durch die vier Elemente-Tore in deinen inneren Tempel fließt. Lass dieses Bild in deiner Vorstellung entstehen und betrachte deine Absicht positiv. Wisse, was du willst, und wisse, dass du, egal was im Augenblick gerade geschieht, Erfolg haben wirst. Sieh als Nächstes, wie das blaue Licht durch dieselben vier Tore aus deinem inneren Tempel in die Außenwelt fließt. Stelle dir anschließend kreativ vor, du besäßest bereits, was du dir wünschst. Zum Schluss schließt du den inneren Tempel. Es ist ratsam, ein Ritual immer durch regelmäßiges kreatives Denken zu unterstützen, denn dadurch bleiben die Machtkanäle offen.

Aus esoterischer Sicht sollte die Erforschung von Jupiter immer eine individuelle Sache sein. Die Wahrheit von Jupiter liegt in dir, nicht in der Vergangenheit, die du nun endgültig hinter dir lassen solltest. Es ist sinnlos, nach wertvollen Informationen zu suchen, wenn du mit dem kosmischen Muster, bekannt als innerer Tempel, nicht vertraut bist. Das musst du zuerst tun, denn gerade das Meistersymbol öffnet ja dein Unterbewusstsein. Das Unterbewusstsein, und nicht die Götter, liefert die wahren Antworten auf Fragen und Einsichten in esoterische Belange. Bei der esoterischen Arbeit ist der Höhepunkt deines Rituals dann erreicht, wenn du dich geistig auf den Planeten einstimmst. Daran sollte sich eine Meditation anschließen. Auch die richtigen Entsprechungen helfen dir, dich geistig auf die richtigen Kanäle zu konzentrieren. Doch bei diesem Planeten kannst du genauso mit den Entsprechungen der vier Tore arbeiten. Die allerbeste Unterstützung bei einem Ritual ist ein Tarotdeck. Verwende für Jupiter die kleinen Zahlenwerte, die dem Planeten zugehörig sind: die vier Vierer.

Die maßgebliche Himmelsrichtung für Jupiter ist der magische Westen. Die anderen sind im Uhrzeigersinn an den anderen magischen Punkten zu finden.

Beginne mit der Öffnung des Westtors und verwende dabei die Vier der Kelche als Symbol für Kontrolle. Stelle dir vor, das Symbol befände sich auf einer Tür, die sich dann öffnet. Begib dich in den magischen Norden, dessen Symbol die Vier der Münzen ist, dann in den magischen Osten, den die Vier der Schwerter repräsentiert, und schließlich zum magischen Süden, der der Vier der Stäbe entspricht. Jetzt kannst du fünf Punkte erforschen: vier an den Elemente-Toren und einen in der Mitte. Dieser letzte Punkt ist der wichtigste.

Man kann mit ihm ganz unterschiedlich arbeiten. Lass dich von deinen Ideen dabei inspirieren. Ich möchte aber dennoch erwähnen, dass du jedes Tor durch Betrachten der entsprechenden

Karte oder durch Verwendung der Karte als Hintergrund für eine Phantasiereise erforschen kannst, während der du in das Bild trittst und die abgebildete Szenerie erforschst. Das Symbol in der Mitte sollte aus deinem inneren Geist aufsteigen dürfen. Übernimm nicht die mittelalterliche (und damit einschränkende) Symbolik der anderen. Entdecke dein eigenes wahres Zentralsymbol für den Planeten: ein Symbol, das sich mit dir entwickeln und einen weiteren Schlüssel zu deiner inneren Welt darstellen wird.

Die Kraft des Saturn

Schlüsselworte: Festigung, Begrenzung
Symbol: ♄
Farbe: Schwarz
Metall: Blei
Magische Zahl: 3
Duft: Moschus
Edelsteine: Onyx, Jett und alle schwarzen Steine
Magische Himmelsrichtung: Norden

Andere nützliche Ritual-Utensilien: Gerste, Buche, Schwarzdorn, Zypresse, Ebenholz, Ulme, Feuerstein, Fossilien, Stechpalme, Efeu, Moos, Raute, Roggen, Sennesblätter, Eibe

Saturn-Räucherwerk

Die Zutaten für Saturn, die dunkle Mutter, sind für die Nase unangenehm, aber wirkungsvoll. Asafoetida (auch: Teufelsdreck) etwa riecht widerlich, hat aber wunderbare bannende Eigenschaften.

Räuchermischung
4 Teile Myrrhe
1 Teil Ochsenzungenwurzel
1 Teil Zypressennadeln
1 Teil Wacholderbeeren
Patschuli-Öl (ein paar Tropfen)

Rituelle Verwendungen: Bauen, Geschäftliches, Verkühlungen, chronische Leiden, Staatsdienst, Erkältungen, Schulden, Verzögerungen, Depressionen, Verrenkungen, Pflichten, die Älteren, Ausdauer, Stürze, Ängste, Haare, Hemmungen, Behinderte, Land, Hindernisse, Unterdrückung, Geduld, Beruf, Eigentum, Geheimnisse, Selbstbeherrschung, Hautleiden, Ausgeglichenheit, Warzen, Arbeit.

Saturn verkörpert rein weibliches Potenzial, so wie Neptun für rein männliches Potenzial steht.[7] Bedenke aber, dass eines das andere ergänzt. Männliches Potenzial bedeutet »verteilen«, weibliches bedeutet »aufnehmen«. Eines ist positiv, das andere negativ. Hier ist das Wort »negativ« nicht im abwertenden Sinn gebraucht, sondern bedeutet lediglich aufnahmefähig. Männliches Potenzial würde vergeudet ohne den aufnahmefähigen, stabilisierenden Einfluss des weiblichen Prinzips. Eines kann ohne das andere nicht existieren. Die gründliche Beschäftigung mit dieser Polarität, die es im gesamten physischen Universum gibt, ist sehr lohnend.

Die materiellen Entsprechungen von Saturn, diesem dunklen Planeten, sind ein bisschen unheimlich und abstoßend. Die Menschen malen sich in einer gegebenen Situation oft gern das Schlimmste aus. Das gilt besonders für Saturn. Zunächst einmal

---

7 Neptun, Uranus und Pluto haben ihren Platz eher in der esoterischen Magie, das heißt, sie sind im Geheimen eher von Nutzen als die anderen Planeten. Das bedeutet aber nicht, dass diese Planeten keinen praktischen Nutzen haben. Den haben sie sehr wohl, aber er ist abstrakterer Natur.

ist Saturn nicht der Planet des Todes. Der Tod, der nur eine Veränderungs- oder Wandlungsphase ist, gehört eindeutig zu Pluto. Schwarzseherische Religiosität hat zu dieser eigenartigen Überzeugung geführt. Du kannst es sogar heute noch an schwarzer Kleidung, der Farbe des Saturn, bei Beerdigungen oder anderen scheinbar traurigen Anlässen sehen. Kirchenbegräbnisse vermitteln kein zutreffendes Bild von der Bedeutung des Todes.

Saturn ist der Planet der Formgebung, und Form bedeutet Beschränkung. Wie du diese Beschränkung betrachtest, ist eine andere Sache. Wie gesagt, stellen sich die Menschen darunter etwas ganz Schlimmes vor. Doch gäbe es keine Beschränkungen im wahrsten Sinn des Wortes, dann würde jeder ins All hinaustreiben! Ohne Schwerkraft würden weder Schrauben noch Nägel an ihrem Platz bleiben, Autobremsen würden nicht funktionieren, ja das Leben als solches wäre sozusagen unmöglich. Saturn lässt sich durchaus einsetzen. Beschränkung ist – in ihrer reinsten Form – etwas Wertvolles. Von Menschen geschaffene Beschränkungen stehen jedoch auf einem anderen Blatt. Bei jedem Energiemuster – wie auch in jedem anderen Lebensbereich – hat der Mensch eine Wahlmöglichkeit. Zwar ist es mit Sicherheit sinnlos, sich für die schlimmsten Beschränkungen zu entscheiden, doch leider machen es die Menschen meistens so, besonders wenn es sich um Glaubenssätze handelt. Du kannst dich entscheiden zu glauben, was immer du willst. Der Trick dabei ist: triff die richtige Wahl mit Vernunft!

Saturn wird oft für beschränkende Zwecke missbraucht. Betrachte ihn als Prüfstein für die Menschheit. Warum solltest du dich auf Eignung prüfen lassen? Dafür gibt es keinen vernünftigen Grund, es sei denn, du glaubst an Reinkarnation oder karmische Schuld. Die Menschen glauben tatsächlich an diese Dinge, obwohl es sie gar nicht gibt. Noch schlimmer: Sie akzeptieren einfach diese Dogmen und die Beschränkungen, die zwangsläufig daraus erwachsen. Es handelt sich jedoch um eine haltlose und völlig unnötige Beschränkung. Saturn beziehungsweise die Vorstellung von Saturn tritt nicht als Prüfstein auf, denn es gibt nichts zu prüfen. In Wirklichkeit herrscht im Leben die freie Wahl.

Ähnlich wird auch Satan oft als Oberherr abgebildet, der die Menschen daraufhin prüft, ob sie für das Himmelreich geeignet sind. Die Kirche hat den Satan erfunden. Sie hat auch den Himmel erfunden. Doch sie hat diesem so weit entfernten Ort so viele Beschränkungen auferlegt, dass es so aussieht, als käme niemals jemand dorthin. Satan existiert nicht, es sei denn als eine Energiekraft, die sich im Lauf all der Jahre, in denen Menschen ihm Opfer brachten, ihn anbeteten und an dieses Bild glaubten, in ihren Köpfen eingenistet hat. Denn mehr ist es nicht – ein Bild, und noch dazu ein schlechtes. Wie alle kosmischen Energien ist auch die Saturnenergie weder gut noch schlecht. Sie ist einfach da und existiert gemäß den Gesetzen und Prinzipien der Schöpfung. Es ist zwar schick, Saturn die Schuld an allen möglichen Missgeschicken zu geben, aber es ist falsch. Die Ursache des Problems ist nicht die Energie, sondern der Geist der Menschen. Einfach ausgedrückt: Wenn du an die falschen Ideale und Vorstellungen glaubst, dann wird die entsprechende Energie lediglich versuchen, deine Überzeugungen zu erfüllen. Sie wird dir weder Lösungen anbieten noch sich erdreisten, irgendwelche Regeln anzuwenden. Glaubenssätze wirken über das Grundgesetz der freien Wahl. Egal, wen oder was du später dafür verantwortlich machen willst, es sind deine Überzeugungen, die die Umstände gestalten, nicht die Macht eines Planeten.

Beim Umgang mit Saturn bereiten die Auswirkungen negativer Überzeugungen wohl die meisten Probleme, wenn man nämlich die Macht des Planeten auf das Leben und Ereignisse in diesem Leben anwendet. Ein weiser Mann hat einmal gesagt: »Nur vor der Angst muss man Angst haben.« Des Weiteren treten im Zusammenhang mit Saturn Schwierigkeiten wie Depressionen, Sorgen und Einsamkeit auf. Dabei ließen sich diese Schwierigkeiten ein für alle Mal aus dem Weg räumen, würde man sich ihnen nur stellen und sie hinterfragen. Gemäß dem Naturgesetz, dass es kein echtes Vakuum geben kann, hinterlässt alles, was verschwindet, einen Leerraum, einen Raum, den man nur mit Wahrheit füllen kann – in diesem Fall mit der Wahrheit über die Macht des Saturn, soweit sie das Leben und das Individuum betrifft.

Willst du diese und andere Missverständnisse aus deinem Geist verbannen, dann wirf am besten einen Blick auf den inneren Tempel, wenn er auf Saturn eingestimmt ist. Erkläre die Wahrheit zur Absicht deines Rituals und sieh dir – anhand der einfachsten rituellen Entsprechungen – an, was Saturn für dich als Individuum bedeutet. Willst du tiefer einsteigen, dann meditiere über den Planeten entsprechend den weiter oben angeführten Richtlinien, und suche wieder nach der Wahrheit. Die Wahrheit – das heißt die echte Wahrheit – ist tausend Bände magische Philosophie wert und obendrein viel leichter zu verdauen. Räume ihr in deinem Geist einen Platz ein. Suche sie im inneren Tempel, dann wird dein Unterbewusstsein dir diese Wahrheit ohne viel Aufhebens präsentieren. Das ist viel besser, als mutmaßlichen Pfaden und verschlungenen Prozeduren zu folgen, wie man sie in mittelalterlichen Lehrbüchern findet. Denke daran: Die Wahrheit eines anderen Menschen ist eben nicht genug, denn sie ist nicht *deine* Wahrheit. Vergiss diese endlos langen Listen von Götternamen und anderen zweifelhaften Zuweisungen. Suche stattdessen einfach nach der Wahrheit. Lass dir bei deiner Suche von der Farbe Schwarz, dem Symbol des Planeten, dem Moschusduft und natürlich vom Tarot helfen. Benutze hier die vier Dreier als Meditationssymbol, entweder die Karten selbst oder die Vorstellung davon. Wie das geht, habe ich bereits in den vorigen Kapiteln beschrieben. Aus pragmatischer Sicht herrscht Saturn über Beständigkeit, Stabilität, Ehrgeiz, Karriere und geschäftliche Interessen und wirkt sich stark auf Land, Eigentum, persönliche Sicherheit, Geduld und natürlich Ausdauer aus. Das sind seine positiven Seiten.

6

Die Kunst zur Vollendung bringen

In diesem Kapitel werden wir uns ansehen, wie du deine Magietechniken verbessern kannst. Zum Beispiel, indem du die Dinge, die deinen Erfolg behindern, aus dem Weg räumst und mit zusätzlichen Praktiken arbeitest, mit denen du die Kunst weiterentwickeln kannst.

Vieles steht der Macht im Weg; manches ist offensichtlich, anderes nicht. Zunächst einmal ist dein mächtigster Teil dein Geist. Er kann auch dein schlimmster Feind sein, wenn du ihn sich selbst überlässt. Alle, die sich ernsthaft mit Magie beschäftigen, sollten irgendwann erkennen, dass sie die Meisterschaft über ihren Geist erlangen müssen, wenn sie ihre Erfolgschancen erhöhen und die Qualität ihrer Arbeit verbessern wollen. Damit meine ich nicht nur das Unterbewusstsein, sondern auch das Bewusstsein, denn dort nehmen die meisten Schwierigkeiten ihren Anfang. Das Bewusstsein ist zwar etwas Kostbares, doch oft genau das, was dir vor und während eines Rituals in die Quere kommt.

Negatives Denken

Willst du Macht entwickeln, dann sieh dir zuerst einmal an, wie du im Alltagsleben denkst. Sieh dir an, wie du mit dem Leben und insbesondere mit seinen Schwierigkeiten umgehst. Wie reagierst du? Gibst du nach, weil du meinst, es sei alles hoffnungslos?

Machst du dir Sorgen? Gerätst du in Panik? Kneifst du und steckst den Kopf in den Sand? Kurz: Bist du negativ oder positiv eingestellt? Du weißt ja:

Du BIST, was du DENKST.

Durch deine übliche Denkweise ist das, was als Nächstes geschehen wird, bereits vorprogrammiert. Mit anderen Worten, wenn du die Dinge negativ siehst, kannst du auch nur mit negativen Ergebnissen rechnen, weil deine vorherrschenden Gedanken darauf ausgerichtet sind. Du musst einfach deine negative Einstellung ins Positive verkehren. Das erfordert Übung, aber es lohnt sich. Achte stets auf deine Reaktionen. Immer wenn du negative Tendenzen erkennst, feststellst, dass du negativ bist, dann halte inne, erinnere dich daran, dass deine Denkweise das Ergebnis beeinflussen wird, und ändere deine Einstellung. Dir wird auffallen, dass eine negative Denkweise eine Angewohnheit ist, die sich in dein Leben eingeschlichen hat. Nur wenn du sie durch eine neue und bessere ersetzt, kannst du dich davon frei machen.

Diese beherrschenden, negativen Gedanken werden sich unweigerlich auf deine magische Arbeit auswirken, denn sie sind ein Teil von dir. Wenn du dich Schritt für Schritt davon frei machst, wird sich deine magische Arbeit enorm verbessern. Es gibt allerdings noch andere Schwierigkeiten, die direkte Auswirkungen haben. Einige sind in Gewohnheiten begründet, andere haben subtilere Ursachen.

Angst

Da das religiöse Dogma alles unternommen hat, um die Anstrengungen von Menschen, die sich selbst verwirklichen wollten, zu unterbinden, schlich sich zwangsläufig die Angst in die magische

Arbeit ein. Früher oder später wirst du bei deiner Beschäftigung mit Magie auf Menschen stoßen, die dir sagen werden, dass die Anwendung magischen Wissens zu persönlichen Zwecken jedweder Art »falsch« oder »böse« ist. Glaube ihnen nicht! Magisches Wissen anzuwenden ist nicht falscher, als landwirtschaftliches Wissen anzuwenden, wenn man einen Bauernhof führen will, oder sich das Wissen um Nährstoffangaben zu Nutze zu machen, wenn man eine gesunde, ausgewogene Mahlzeit zubereiten will.

In Wirklichkeit ist es vollkommen richtig, magisches Wissen zum Erreichen persönlicher Ziele anzuwenden! Falsch wäre es, wenn man sich nur aus Machtgier mit Magie beschäftigt – genauso wie es Unsinn wäre, viele Werkzeuge wie Hämmer oder Schraubenzieher zu besitzen, ohne jemals damit zu arbeiten.

Du eignest dir magisches Wissen an, um dein Leben zu verbessern; und dazu gehört auch, es in materieller Hinsicht zu verbessern. Ziel deiner magischen Arbeit sollte sein, dir dein eigenes Schicksal zu zimmern. In gewisser Hinsicht hast du das schon immer getan, aber jetzt, als praktizierender Magier, wirst du bewusst Ziele wählen und dich daran machen, sie zu verwirklichen und sie Teil deines Lebensinhalts werden zu lassen.

Für Angst gibt es nur eine Lösung: Leg sie ab! Du kannst nicht mit Erfolg rechnen, wenn du Angst vor medialen Wesenheiten hast oder dich vor den Folgen fürchtest, zu denen das Eindringen in verborgene Geheimnisse vermeintlich führt. Angst ist ein Gedankenmuster, ein negatives Muster. Es verhindert gute Ergebnisse. Lerne, bei deiner magischen Arbeit deinen gesunden Menschenverstand einzusetzen, indem du diese Ängste im Licht der Vernunft betrachtest. Dann wirst du erkennen, dass diese verwirrenden Gedanken unwahr sind.

Zweifel

Zweifel und Unsicherheiten behindern deine Sicht und verwirren dein Unterbewusstsein. Sei realistisch: Du kannst nicht einerseits dein Unterbewusstsein darum bitten, etwas Konkretes zu tun, während du ihm andererseits mitteilst, dass das unmöglich ist! Mache nicht den Fehler zu zweifeln, denn damit unterbindest du sofort jegliche Aussicht auf Erfolg, weil du deinem Unterbewusstsein nicht zwei verschiedene Arbeitsgänge zugleich auftragen kannst. Zweifel sind negativ, und negatives Denken kann, wie du inzwischen weißt, nur negative Ergebnisse bringen. Wie gesagt, es geht darum, deine Denkweise positiv zu verändern, damit du während deines Rituals auch an deinen Erfolg glaubst und gar nicht scheitern *kannst*. Jeder hat Zweifel, besonders Anfänger. Man überwindet sie am besten, indem man entschlossen ist zu gewinnen, egal welche Zweifel dir dein Bewusstsein einflößen will. Bleibe deinen Überzeugungen treu und halte stand, besonders wenn die Zweifel sich während eines Rituals bemerkbar machen. Am Ende wird sich eine neue und bessere Angewohnheit einstellen, nämlich das Wissen, dass du nicht scheitern kannst.

Zeitmangel

Es gibt eigentlich nur eine Methode, etwas zu erlernen, und die heißt: Tu es! Verrichtest du das große Werk? Das ist die entscheidende Frage. Wärst du jetzt hier bei mir, würde ich dir dieselbe Frage stellen. Die praktischen Übungen, die ich in diesem Buch vorgestellt habe, und jene, die du dir selbst ausdenken wirst, sind alles persönliche Übungen. Weder kann ich sie dir abnehmen, noch dich durch sie geleiten. Du musst sie selbst machen, und dann wirst du Erfolg haben.

Falls du nicht bereit bist, die notwendige praktische Arbeit zu erledigen, dann kannst du dir das Studium der Magie auf der Stelle aus dem Kopf schlagen! Es bringt dir rein gar nichts, nur Bücher zu diesem Thema zu lesen. Auch ein Lehrer kann dich nicht viel weiterbringen. Ohne Arbeit gibt es in keinem Bereich Erfolg. Vielmehr wirst du feststellen, dass alte Schriftsteller und Lehrer – die Magiere, die Hexen, die Mystiker – das Studium der Magie als *das große Werk* bezeichnen.

Einfachheit – der Schlüssel zur wahren Magie

Die meisten Menschen, die Magie praktizieren, haben die Erfahrung gemacht, dass es in jedem Bereich alle möglichen Komplikationen, Verwirrung und zwangsläufig auch viele Widersprüche gibt. Im Grunde genommen ist Magie ganz einfach. Manch einer verkompliziert die Sache aber, weil ihm das so gefällt. Aber das ist gar nicht nötig. Kerzenmagie ist ebenso vielschichtig wie alle anderen Themenbereiche der Magie, insbesondere was die Rituale angeht. Normalerweise stehen einem zahlreiche Riten zur Verfügung – ein Ritus für jede erdenkliche Situation oder jede nur denkbare Möglichkeit. Es gibt aber eine viel bessere Methode. Beschränke dich auf *ein* Ritual, das du je nach den Umständen und deinen individuellen Bedürfnissen abwandeln kannst. Die Grundlagen für dieses »Meisterritual« habe ich dir bereits vermittelt. Jetzt möchte ich genauer darauf eingehen.

Worte der Macht

Bis jetzt hast du das gesprochene Wort – mit Ausnahme der Ritualtechniken, die ich dir vorgestellt habe – noch nicht in deine Rituale integriert. Stattdessen hast du dich auf grundlegende

Prozeduren konzentriert, um dir ein Grundgerüst zu schaffen, auf dem du ein machtvolles und persönliches Magiesystem errichten kannst. Wie Kerzen, Räucherwerk, Altardecken und andere Ritualhilfsgegenstände sind auch Worte ein Instrument, das deine magische Arbeit beachtlich intensivieren kann, sofern du sie richtig einsetzt.

Wie bei allem, was mit Magie zu tun hast, musst du *wissen*, was du tust (oder sagst), bevor du es tust. Es ist beispielsweise nicht sehr sinnvoll, den Namen eines Erzengels auszusprechen, wenn du die Bedeutung dieses Bildes nicht auf allen Bewusstseinsebenen vollkommen verstehst. Angenommen, man weist dich an zu sagen:»O du großer Erzengel Michael . . .« Solange du die Bedeutung des Namens»Michael« nicht verstehst, ist diese Äußerung sinnlos und hätte herzlich wenig Bedeutung. Angenommen, du hast lange mit den tatsächlichen Eigenschaften gearbeitet, die mit diesem Bild verknüpft sind, und die Bedeutung, die sich hinter diesem Namen verbirgt, vollkommen verstanden. Dann wären deine gesprochenen Worte viel wirkungsvoller. Ich möchte das noch weiter ausführen und dir einige Eigenschaften dieses Namens nennen. Der Erzengel Michael ist eine Sonnengestalt, die auch dem Element Feuer zugeordnet wird. Du hast bereits einige nützliche Informationen erhalten, die sich zudem auch auf deine magische Kugel beziehen. Die Lektion lautet einfach: Wenn du vorhast, die Namen von inneren Wesen auszusprechen, dann erkenne als Erstes, dass es sich dabei nur um Bilder handelt. Mache dir zweitens klar, dass du diese Bilder erst einmal richtig verstehen musst, bevor sie dir etwas nützen. Wenn du dich an diesen Rat hältst, kann nicht so viel schief gehen. Oder willst du etwa vor einer nicht-existenten Wesenheit zu Kreuze kriechen, in der Hoffnung, sie möge dich erhören? Das wäre völlig unrealistisch.

Worte auszusprechen erfordert im Allgemeinen etwas Überlegung, denn es zählt nicht so sehr, *was* du sagst, sondern vielmehr *wie* du es sagst! Nimm die einfache Aussage »Ich fühle mich wohl«. Mache jetzt ein Experiment. Sprich diese Worte entweder laut oder in Gedanken aus. Du hast dabei nur eine einfache Aussage wiederholt, dir dabei aber nichts gedacht. Sprich diese Worte jetzt mit Gefühl aus – als meintest du sie ernst. Versuche das mehrmals. Fällt dir der Unterschied auf? Diese Worte bekommen allmählich eine Bedeutung. Wiederhole sie noch einmal langsam und bewusst, doch setze diesmal deine Vorstellungskraft ein, um dein »Wohlbefinden« zu sehen. Lasse dich ganz auf die Vorstellung von diesem Wohlbefinden ein. Mit anderen Worten, tu so, als wären die Worte wahr. Sei überzeugt, dass sie wahr sind. Tu so, als wären sie, zumindest für die Dauer der Übung, wahr. Fällt dir jetzt der Unterschied auf? Es ist etwas ganz anderes, Worte mit Gefühl, Fantasie und Überzeugung auszusprechen. Diese einfachen Worte werden dann zu Worten der Macht.

Ob du dich der Sprache bedienen willst, bleibt ganz dir überlassen. Du kannst aber auch ganz darauf verzichten. In jedem Fall solltest du allerdings Worte, falls du sie einsetzt, gründlich überdenken. Sorge dafür, dass sie etwas bedeuten, und verleihe ihnen Macht, indem du deine Vorstellungskraft einsetzt. Dazu brauchst du nicht laut zu sprechen, du kannst es auch in Gedanken tun, ohne einen einzigen Laut von dir zu geben. Es kommt einzig und allein darauf an, dass du die Worte mit Überzeugung aussprichst.

Für andere arbeiten

In der Magie gibt es zahlreiche Möglichkeiten, um für andere ein Ritual durchzuführen. Im Folgenden mache ich dir ein paar Vorschläge, gebe Erläuterungen und stelle dir einige alternative Kerzenmagie-Techniken vor.

Das Thema (die andere Person oder der Wunsch) lässt sich in einem Ritual unterschiedlich darstellen. In der Kerzenmagie macht man es sich am besten leicht und verzichtet auf große Umwege. Bildkerzen für die Darstellung von Mann und Frau, Heirat und so weiter sind durchaus verwendbar, wenn sie richtig und mit gesundem Menschenverstand eingesetzt werden. Es geht aber auch einfacher. Du brauchst dazu eine einzelne zusätzliche Kerze, die die andere Person oder den Wunsch symbolisiert. Dazu schreibst du den Namen der betreffenden Person oder ein Symbol darauf: zwei verschlungene Herzen für Liebe oder ein DM-Zeichen für Geld. Nimm eine ausgefallene Kerze, sprich ein paar magische Worte und – *hokuspokus!* – gar nichts passiert! Jetzt nimmst du dieselbe Kerze und lässt sie eine Idee, eine bestimmte Energie oder auch einen Menschen darstellen. Schon hat sich deine Haltung gegenüber dieser Kerze verändert, weil du eine Beziehung zu ihr herstellst. Je mehr du daran denkst, was diese Kerze darstellt, je mehr du sie als etwas Besonderes behandelst, umso wirkungsvoller kannst du dich geistig darauf konzentrieren. Die Kerze hat nun symbolischen Wert – und ist nicht mehr nur eine Kerze; sie stellt etwas anderes für dich dar.

Kerzenmagie-Praktiker setzen diese Technik mit großem Erfolg ein (oder sollten es zumindest tun). In einem typischen Ritual könnte eine Kerze für einen Menschen stehen, der geheilt werden soll. Oft kommt auch Farbe ins Spiel. Die Kerze kann die dem Sternzeichen des Betreffenden entsprechende Farbe haben, falls du zufällig sein Geburtsdatum kennst. Damit bekommt das Ganze noch einen visuellen Effekt und das Ritual erhält dadurch auch eine persönlichere Note. Zur Darstellung des verwendeten Energietyps (in diesem Fall Heilenergie, also die Sonne) könntest du eine goldene Kerze nehmen. Mit anderen Kerzen lassen sich dann auch alle übrigen für das Ritual wichtigen Bestandteile darstellen, zum Beispiel die vier Elemente oder Pfeiler des inneren Tempels, die einen Eingang bezeichnen.

Folgende Farben kannst du bei den zwölf Tierkreiszeichen verwenden:

Widder: Rot
Stier: Orange/Rot oder Grün
Zwillinge: Orange
Krebs: Bernstein (Hellgelb) oder Silber
Löwe: Gelb oder Gold
Jungfrau: Hellgrün
Waage: Grün
Skorpion: Türkis
Schütze: Blau
Steinbock: Purpur
Wassermann: Violett
Fische: Karmesinrot

Diese Farben haben eine große Wirkung.

Wirkungsvoller wird das Ritual, wenn du die Farben auch bei Altardecken und Roben berücksichtigst. Außerdem kannst du mit Räucherwerk und vielleicht Musik arbeiten, sofern diese Dinge ebenfalls zur Art des Rituals passen. Denke daran: Sinn und Zweck von Ritualgegenständen ist es, deine geistige Konzentration zu erhöhen. Das Ritual darf ruhig schlicht oder komplex sein – ganz wie du willst, solange du zuvor gründlich darüber nachgedacht hast. Seine Ausarbeitung und Durchführung kann man nicht von heute auf morgen lernen. Dazu musst du dir viel Wissen aneignen, musst viel nachdenken und geduldig planen. Soll ein Ritual Wirkung zeigen, muss es das Ergebnis richtigen Denkens, vernünftiger Techniken sowie des Verstehens kosmischer Gesetze und vor allem ein Ausdruck individuellen Bemühens sein. Selbst das schlichteste Ritual wird Wirkung zeigen, wenn du dich persönlich und aufrichtig darauf einlässt. Rituale solltest du so durchführen, wie es deinem Verständnis für echte magische Praktiken und deinen persönlichen Bedürfnissen entspricht. Ich möchte dir einige Beispiele geben, wie du dies mit einfachen Ritualtechniken erreichst.

Die Siebenknotige Wunschkerze

Magie stammt aus einer Zeit, in der es weder das gesprochene noch das geschriebene Wort gab. Sie spricht in Bildern und Handlungen. Sie liest im Herzen und gehorcht dem wahren Willen, egal welch wohlklingende Worte die Feder schreibt oder die Zunge ausspricht.

Frage dich, warum du den Zauber wirken willst. Du musst einen bestimmten Zweck dabei verfolgen. Es darf nur einen einzigen Zweck, einen einzigen Grund für den Zauber geben. Der Zauber darf nur für ein Thema, ein Ding, eine Sache, ein Ergebnis, eine Absicht gelten. Du kannst nicht mehrere Wünsche oder Zwecke in einem einzigen Ritual miteinander kombinieren, nur weil du Zeit sparen willst. Gerade die Kombination von Gedanken verhindert die Konzentration. Es darf nur einen einzigen Gedanken in deinem Kopf geben, während du den Zauber wirkst.

Würdest du dich an die hier genannten Techniken halten, wärst du so damit beschäftigt, dich auf ihre Regeln zu konzentrieren, dass keine Zeit mehr bliebe, um auf irgendetwas anderes zu achten. Also sage ich dir, vor allem, wenn du ein Neuling bist, dass die beste Methode lautet: *so wenig wie möglich*. Ein magisches Gesetz besagt, dass du, je mehr du darüber nachdenkst, wie du mit deinem Unterbewusstsein umgehen willst, desto mehr in die Gesetze eingreifst, die Ergebnisse überhaupt erst möglich machen. Mit anderen Worten: Je mehr du dir objektiv über die Pläne und Einzelheiten des Zaubers im Klaren bist, desto weniger Chancen hast du, mit deinem Unterbewusstsein in Kontakt zu kommen. Diesen Kontakt mit dem Unterbewusstsein nennt man »Einstimmen«.

Dich einzustimmen bedeutet, dein objektives Denken anzuhalten – und das ist für einen Anfänger das Schwierigste. Hast du schon einmal versucht, nicht mehr zu denken?

Wenn du das eine halbe Sekunde versucht hast, wirst du vermutlich bezweifeln, ob du aufgehört hast zu denken. Du beginnst zu analysieren und fragst dich, ob es dir gelingen wird. All das sind Störungen, die vermieden werden müssen, bevor du dich richtig einstimmen kannst. Du musst aufhören zu wissen, wer du bist, wo du bist oder warum du bist, ja sogar dass du bist. Du musst alles bewusste Wissen über deine Existenz fahren lassen und darfst nur einen einfachen Gedanken haben; und du darfst nur für einen einzigen Gedanken den Zauber wirken.

Ein Zauber für alle Fälle

Nachdem du die folgenden Anweisungen durchgelesen hast, vergiss die Regeln und folge deinen eigenen Impulsen. Erinnere dich, dass es den Erfolg behindert, wenn du an Regeln und Gesetze denkst. Sobald deine einzige Absicht feststeht, lasse die magische Kugel entstehen. Du brauchst dazu eine Siebenknotige Wunschkerze in der richtigen Farbe (zum Beispiel Grün für Liebe, Gold oder Gelb für Heilung). Findest du solch eine Kerze nicht, dann nimm eine normale Kerze, auf der du vorher mit einem Messer sieben Abschnitte markiert hast. Stelle die Kerze auf eine geeignete Unterlage. Nimm eine Altardecke und etwas Räucherwerk.

Setze dich an einen ruhigen Ort, zünde die Kerze an und sprich: »Ich rufe jetzt meinen unerschöpflichen Vorrat an unterbewusster Macht an, um _____ [nenne die Absicht] zu erreichen.« Betrachte die Kerze in Ruhe, und male dir den Gegenstand, der das Ergebnis deiner Konzentration sein soll, im Geiste aus. Mit anderen Worten: Visualisiere deutlich, mit Hilfe kreativen Denkens, was du dir wünschst, und denke dann nicht mehr daran. Vergiss nicht, dass das Bild, das du aufbaust, aus einer Vorstellung dessen bestehen sollte, was du vollendet sehen möchtest.

Stelle dir bei diesem geistigen Bild vor, du seiest ein Künstler, der den gewünschten Gegenstand – entweder tatsächlich oder symbolisch – auf eine weiße Leinwand malt. Lasse das Bild langsam auf der Leinwand entstehen, und sieh es real vor dir! Gestalte es so wirklichkeitsnah wie möglich. *Halt!* Hier wird es gefährlich. Es ist so schwer aufzuhören, aber du musst es tun, damit der objektive Geist das Bild losschicken kann. Das geht erst, wenn du das Bild nicht mehr bearbeitest. Schließe jetzt die Augen und *denke an nichts* – weder an dich noch an die Person, für die du den Zauber wirkst, noch an den Kosmos, die Welt, den Raum noch sonst etwas. Wenn du aufhörst zu denken und deinen Geist von allen Gedanken frei machst, wirst du das Gefühl haben, dass alles in Ordnung ist, und dein Wunsch wird in Erfüllung gehen. Wenn die Flamme bis zum ersten Abschnitt heruntergebrannt ist, lösche sie und verlasse den Raum. Wiederhole diesen Arbeitsgang siebenmal hintereinander. Kerzenrückstände kannst du irgendwo vergraben. Tu auch dies bewusst.

Es erfordert Übung, um einen Zauber auf diese Weise zu wirken. Du solltest nicht zu lange über dem Gedanken brüten, auf den du dich konzentrierst. Betrachte einfach die Kerze und sieh deinen Wunsch in ihrer Flamme. Höre dann auf zu denken und betrachte die Kerze ausdruckslos, ohne zu analysieren oder Zweifel laut werden zu lassen. Wenn du dir Gesundheit, eine Gefälligkeit, Liebe, Schutz oder etwas anderes wünschst, dann visualisiere es und verabschiede es anschließend aus deinem Geist. Bleib, ohne zu denken, einige Zeit sitzen, am besten fünf Minuten lang, aber schon eine Minute genügt, damit der Geist deinen Wunsch – dein Bild – an das Unterbewusstsein weitergeben kann. Dann steh auf. Verschwende keinen weiteren Gedanken an die Sache, und vertraue darauf, dass dein Wille geschehen wird. Zweifel oder Skepsis während oder nach der Phase der Konzentration senden negative Signale an dein Bewusstsein – Zweifel, ob das Gewünschte auch wirklich eintritt. Diese Zweifel verhindern eine positive Reaktion.

Ein Liebeszauber

Bevor wir uns ein konkretes Liebes- und Glücksritual ansehen, solltest du auf folgende wichtige Punkte achten. Sieh dich einmal ehrlich an. Bist du übergewichtig, verlottert, hast hängende Schultern und wirre Haare? Legst du Wert auf dein Äußeres? Wenn du dich nicht magst, wie um alles in der Welt kannst du erwarten, dass dich ein anderer mag? Mangelndes Interesse an deiner Person und fehlendes Selbstvertrauen spielen eine sehr wichtige Rolle bei jemandem, der vergeblich versucht, bei anderen Anklang zu finden. Sei du selbst, dann werden die anderen dein wahres Selbst mögen, das versichere ich dir. Sich hinter einer Maske zu verstecken oder zu versuchen, jemand anderer zu sein, führt garantiert nur zu Schwierigkeiten. Es ist nicht schwer, du selbst zu sein, sobald du einmal erkannt hast, dass du dein wahres Ich nicht zu verstecken brauchst. Dein Selbstbild bestimmt, wie du auf andere wirkst. Jeder hat eine bestimmte Meinung von sich. Was denkst du über dich? Bist du mit dir zufrieden oder eher nicht?

Der folgende Zauber soll dein Selbstbild verbessern und Glück anziehen. Er kostet dich kein Vermögen, da nur wenige Utensilien dafür nötig sind. Der Zauber besteht aus zwei Teilen und sollte mindestens zwei Wochen lang täglich gewirkt werden. Du brauchst dazu eine kleine Schüssel für etwas Wasser. Du kannst abgekochtes Leitungswasser, Regenwasser oder Wasser aus einem Fluss in der Nähe nehmen, ganz wie du willst. Stillstehendes Wasser, wie das eines Teiches, ist allerdings nicht so geeignet. Damit das Wasser magische Qualitäten erhält, gibst du einige

Tropfen Weihwasser hinein. So etwas erhältst du in den meisten Läden, die magisches Zubehör verkaufen. Du brauchst dazu auch eine goldene oder gelbe Kerze. Die Elemente Feuer und Wasser sind in der Magie ganz besonders wichtig, und in diesem Ritual wirst du sie wirkungsvoll einsetzen. Suche dir zuerst einen Ort, an dem du ungestört bist. Erfinde notfalls eine Ausrede, damit niemand hereinkommt. Das kann sich oft schwierig gestalten, aber mit etwas Einfallsreichtum wird dir schon etwas einfallen. Stelle die Wasserschüssel und die Kerze auf eine geeignete flache Unterlage, und dann kann es losgehen.

Dieser Zauber soll zwei Absichten erfüllen: sich von Hemmungen und einschränkenden Ideen frei zu machen und deiner wahren Natur zu gestatten, sich zu zeigen. Außerdem soll das Ritual wahres Glück und die richtigen Menschen in dein Leben bringen. Stell dir vor, du putzt ein Fenster, damit das Licht wieder durchscheinen kann.

Entspanne dich einige Zeit lang wie beschrieben und stelle dir dann einfach vor, dass alles, was dich einschränkt und persönliches Glück und Erfüllung verhindert, von dir abfällt. Mach dir keine Gedanken darüber, was das im Einzelnen sein könnte – du willst es einfach nur loswerden. Diese Dinge sind nutzlos, und du wirst froh sein, wenn du sie los bist. Lass sie langsam und mühelos verschwinden. Stelle dir einige Minuten lang vor, sie würden wie eine schwarze Wolke in das Wasser in der Schüssel eindringen. Wenn du das Gefühl hast, diese Dinge losgeworden zu sein, zünde die Kerze an, die dein wahres Ich symbolisiert. Stelle dir nun eine Zeit lang vor, dass das Licht der Kerze ebenfalls in das Wasser eindringt. Sieh, wie sich die Schwärze auflöst und an ihre Stelle ein warmes, goldenes Schimmern tritt. Sieh als Nächstes, wie dich das Kerzenlicht von Kopf bis Fuß in goldenes Licht einhüllt. Fühle dich zuversichtlich und lebendig. Stelle dir vor, wie du die richtigen Menschen und die richtigen Ereignisse in dein Leben einlädst. Setze deine Vorstellungskraft ein und überlege, was du wirklich willst. Rede dir nicht ein, das ginge nicht. Stelle dir eine Zeit lang nur das vor, was du wirklich willst. Lösche abschließend die Kerze. Gieße das Wasser draußen im Garten aus und stelle dir vor, dass alle Probleme verschwinden und sich die Natur um sie kümmert. Vergrabe in diesem Bewusstsein auch etwaige Kerzenrückstände.

Dieser Zauber ist einfach, aber höchst wirkungsvoll, wenn er mit Hingabe und Überzeugung durchgeführt wird. Die Entscheidung liegt bei dir. Du kannst herumsitzen und persönliche Probleme wälzen oder es einfach einmal ausprobieren. Was hast du schon zu verlieren? Ein paar Minuten täglich, und das eine Woche lang, könnten vieles in deinem Leben bewirken. Und letztendlich lernst du dabei bestimmt eine Menge über dich selbst.

Mit dem zweiten Teil des Zaubers soll besonders ein Mensch des anderen Geschlechts angezogen werden – für eine Heirat oder eine andere Art von Beziehung. Es heißt, in der Liebe und im Krieg sei alles erlaubt, und so muss man dem anderen oft einen kleinen Schubs geben. Findest du das unfair? Vielleicht hast du Recht. Die Entscheidung, ob du es tust, überlasse ich dir. Allerdings wäre es Zeitverschwendung, jemanden zu ermuntern, der eigentlich keine Beziehung eingehen will.

Für diesen Zauber benötigst du drei Kerzen, die jeweils so gekennzeichnet sind, dass eine für dich, eine für die andere Person bestimmt und die dritte eine Anziehungskerze ist. Als Farben eignen sich Weiß oder Gold für einen Mann, Schwarz oder Silber für eine Frau und Grün für die Anziehung, denn letztere ist die Farbe der Venus, die in Liebesangelegenheiten herrscht. Bringe auf der grünen Kerze sieben Abschnitte an oder kaufe dir, wenn du es ganz genau machen willst, eine siebenknotige Wunschkerze. Suche dir ein ruhiges Plätzchen und stelle die drei Kerzen auf eine geeignete flache Unterlage. Die Kerze für den Mann steht rechts, die Kerze für die Frau links von dir in einem Abstand von etwa 30 Zentimeter. In der Mitte und etwas nach hinten versetzt steht die grüne Anziehungskerze. Das ist dein symbolischer Handlungsplan. Der Zauber selbst dauert sieben Tage.

Entspanne dich zuerst wie beschrieben und wenn du bereit bist, steh auf und zünde die Kerze, die dich, dann die Kerze, die die andere Person verkörpert, und zum Schluss die grüne Kerze an. Sieh in deiner Vorstellung, wie ein smaragdgrünes Licht wie eine Kugel von der mittleren Kerze ausgeht, bis es die beiden anderen berührt. Fühle gleichzeitig deutlich, dass du zu deinem Thema durch unsichtbare, doch vollkommene Kräfte hingezogen wirst. Setze dich hin und stelle dir kreativ vor, wie deine Wünsche wahr werden. Tu das, solange du willst. Es macht nichts, wenn du fertig bist, bevor die grüne Kerze bis zur ersten Markierung oder zum ersten Knoten heruntergebrannt ist. Verlasse den Raum und kehre gelegentlich zurück, um nachzusehen, wann es so weit ist. Sobald die grüne Kerze bis zur ersten Markierung heruntergebrannt ist, löschst du alle in derselben Reihenfolge, wie du sie angezündet hast. Verwahre sie dann an einem sicheren Platz.

Am zweiten Tag wiederholst du den Vorgang, diesmal aber rückst du die Kerzen vor Beginn näher zusammen. Am siebten Tag sollten sie dann dicht nebeneinander stehen. Am Ende des Zaubers, am siebten Tag, lässt du die Kerzen ganz ausbrennen. Nimm das restliche Wachs, wickle es in ein möglichst grünes Stück Stoff und verwahre es solange wie nötig an einem sicheren Platz.

Falls du abschließend deine Anziehungskraft erhöhen willst, sei es zum Thema Liebe oder auch für etwas ganz anderes, dann solltest du Kupferschmuck oder Kupfer mit einem grünen Stein tragen. Auch Koralle, Jade, Moosachat und natürlich Smaragd helfen dir dabei.

Ein Geldzauber

Du brauchst dazu eine Kerze, einen Kerzenhalter (oder eine Untertasse), eine Schachtel Streichhölzer oder ein Plastikfeuerzeug sowie ein sauberes Tuch, zum Beispiel ein Taschentuch oder Ähnliches, um die Kerze einzuwickeln. Ebenso brauchst du einen ruhigen Platz zum Arbeiten, an dem du ungestört bist. Es genügt eine normale Kerze, besser wäre aber eine grüne, denn du willst ja mit der Energie des Planeten Venus arbeiten. Venus herrscht über Anziehung und Geld im Allgemeinen. Die Farbe Grün wird dir helfen, dich geistig auf diese besondere Energie so zu konzentrieren, dass dein Unterbewusstsein dich versteht. Ritze mit einem Messer sieben Segmente auf der Kerze ein. Du kannst stattdessen auch eine siebenknotige Wunschkerze in der entsprechenden Farbe kaufen. Sie hat den Vorteil, dass sie speziell für magische Zwecke angefertigt wurde. Doch letztlich ist es deine Entscheidung. Der Zauber dauert sieben aufeinander folgende Tage und sollte auf jeden Fall täglich, etwa um die gleiche Zeit, durchgeführt werden. Das ist wichtig. Lasse dich trotz aller Ablenkungen und Versuchungen nicht davon abbringen. Wenn du bereits in diesem Stadium nicht durchhältst und nicht ein paar Opfer für etwas viel Besseres bringen kannst, dann wird dir höchstwahrscheinlich kein Erfolg beschert sein.

Stelle die Kerze mit dem Halter an einen geeigneten Ort und lege die Streichhölzer in Reichweite. Setze dich still hin und komme zur Ruhe, schiebe alle Alltagsgedanken, besonders deine Geldsorgen, beiseite. Wenn du dir schon vor Beginn genau überlegt hast, was du willst, dann überprüfe noch einmal im Geiste, ob deine Wünsche positiv sind. Hilfreich ist an dieser Stelle eine kreative Denkübung. Wenn du bereit bist, stehe auf und zünde die Kerze an. Berühre das erste Segment mit dem Finger und sprich: »Ich rufe jetzt die grenzenlose Macht an und weise mein Unterbewusstsein an, mir das zu bringen, was ich mir wünsche.« Das kannst du leise zu dir selbst sagen. Aber denke über die Worte nach und versuche, vor deinem geistigen Auge ein smaragdgrünes Licht zu sehen, das dich umgibt und immer heller wird. Stelle dir vor, du bist magnetisiert wie ein Stück Eisen und ziehst Geld an. Stelle dir vor, wie Geld in immer größeren Mengen zu dir strömt. Sieh es in dicken Bündeln durch den Briefschlitz oder wie Blätter eines Baumes oder Schnee vom Himmel fallen.

Arbeite fünf oder zehn Minuten auf diese Weise mit deiner Vorstellung, und erweitere meine Vorschläge um eigene Ideen. Stelle dir dann vor, wie das grüne Licht aus dir in die Welt strömt und alles und jeden berührt, der dir helfen könnte, selbst wenn du ihn nicht kennst. Wenn du Schulden hast, dann sieh, wie das Licht die Menschen oder Unternehmen berührt, denen du Geld schuldest. Sieh, wie sie positiv auf dich reagieren und dir helfen, statt Forderungen an dich zu stellen. Verlasse jetzt den Raum und lasse die Kerze bis zur ersten Markierung oder zum ersten Knoten herunterbrennen. Ist dieser Punkt erreicht, blase die Kerze aus, wickle sie in das Tuch und lege sie an einen sicheren Ort. Wiederhole diesen Zauber sechsmal, jeweils einmal täglich. Wenn die Kerze völlig heruntergebrannt ist, vergräbst du die Wachsreste im Garten oder wirfst sie in einen Fluss oder Bach.

Damit der positive Gedankenfluss nicht versiegt, schlage ich vor, dass du an den folgenden sieben Tagen täglich fünf oder zehn Minuten lang einfach eine andere kreative Denkübung machst. Das hilft enorm. Suche dir dazu einfach einen ruhigen Platz, entspanne dich und stelle dir etwa zehn Minuten lang vor, dass das grüne Licht immer noch arbeitet; spüre, dass deine persönliche Anziehungskraft dir weiterhin Geld bringt. Lass dir dafür Zeit. Es wäre unvernünftig zu erwarten, dass innerhalb weniger Stunden Tausende von Mark ins Haus flattern. Bewahre den Glauben an deine innere Macht. Denke weiterhin positiv und denke kreativ, solange du willst. Je mehr du in eine magische Arbeit investierst, desto mehr bekommst du zurück.

Wer sich nach Wohlstand sehnt, sein Geld aber verspielt oder unklug investiert, wird arm. Die Götter haben auf sein Tun reagiert, das nach Armut verlangte, statt auf seine Worte, die bedeutungslos waren. So funktionieren eben die Gesetze der Magie. Es dauert 21 Tage, bis ein Ei ausgebrütet ist, und das Huhn kommt nicht früher zur Welt; da kannst du machen, was du willst. Ein magischer Zauber oder ein Ritual wird sich für eine Reaktion eben auch seine Zeit nehmen.

Wenn du ein unfruchtbares Ei bebrüten lässt oder ein taubes Korn aussäst, dann gib nicht der Natur die Schuld, wenn daraus nichts entsteht. Wenn du auf dem Musikinstrument, das du gerade gekauft hast, nicht richtig spielen kannst, dann suche den Fehler bei dir und nicht bei dem, der es gebaut hat. Die Magie lebt im Herzen, so wie die Musik im Musiker lebt und nicht im Instrument.

Ein Heilzauber

Inzwischen solltest du einen inneren Tempel haben, der seinen Zweck erfüllt. Du brauchst ihn lediglich auf die Planeten einzustimmen, und zwar genauso, wie du einen Radioempfänger einstellst. In der Magie werden die Sonne, die eigentlich ein Stern ist, und der Mond, ein Trabant der Erde, aus praktischen Gründen beide als Planeten behandelt. Wenn du einmal die vielschichtigen kabbalistischen Theorien beiseite lässt, stehen dir zwei einfache Hilfsmittel zur Verfügung: Planetenglyphen und Farbe. Mit der Farbe und den Symbolen kannst du ein Ritual konzipieren, das die Macht der Sonne anruft, die über die Heilung herrscht.

Eröffne deinen Arbeitsplatz wie gewohnt, bis zu dem Punkt, an dem du den Teich in einen Springbrunnen verwandelst. Präge anschließend das Symbol der Sonne auf der Teichoberfläche ein und beschwöre ihre Macht, vielleicht mit den Worten:»Ich rufe jetzt meinen nie versiegenden Vorrat an Sonnenmacht an.« Sieh, wie der Springbrunnen hoch in die Luft aufsteigt und diesmal golden erstrahlt. Lenke die Macht wie zuvor, und sieh, wie goldenes Licht durch die Türen eindringt und hindurchfließt. Du kannst in das Ritual alles einbringen, was mit dem Wesen der Sonne zu tun hat, beispielsweise goldene oder goldfarbene Gegenstände. Falls du einen Talisman verwendest, setze Sonnensymbole ein.

Auch mit Tarotkarten lässt sich die Macht bündeln, oder du verwendest sie mehrmals als Talisman. Im vorigen Ritual mit dem Element Wasser hättest du ebenfalls zwei Bildkarten (auch Hofkarten genannt), die dich und deinen Freund/deine Freundin darstellen, sowie die vier Zehnerkarten benutzen und diese als Fokus rechts und links von der Zehn der Kelche hinlegen können. Beim Sonnenritual kannst du die vier Sechserkarten in die entsprechenden Viertel und die Zielkarte in die Mitte legen.

Hilfreich ist es, die Hofkarten Personen eines bestimmten Geschlechts und Alters zuzuordnen:

Buben stellen meistens junge Menschen dar (bis 21 Jahre)
Ritter sind Männer (21–40)
Königinnen sind Frauen (über 21)
Könige sind Männer (über 40)

Wenn beispielsweise dein Freund ein 18-jähriger Widder ist,
kannst du den Buben der Stäbe nehmen; wenn du eine 30-jährige
Zwillingsfrau bist, kannst du die Königin der Schwerter nehmen,
und so weiter.

Das Tarotdeck und die Planeten[*]

Planeten	Schwerter	Stäbe	Kelche	Münzen
Uranus	Ass	Ass	Ass	Ass
Neptun	2	2	2	2
Saturn	3	3	3	3
Jupiter	4	4	4	4
Mars	5	5	5	5
Sonne	6	6	6	6
Venus	7	7	7	7
Merkur	8	8	8	8
Mond	9	9	9	9
Erde	10	10	10	10

[*] Ich habe alle Entsprechungen des Tarotdecks zu den Planeten angegeben, auch
wenn ich weiter oben Uranus und Neptun wegen ihrer eher abstrakten Verwendung weggelassen habe.

Jetzt bist du an der Reihe

Es ist mein aufrichtiger Wunsch, dass du bei deiner magischen Arbeit Erfolg haben mögest, und deshalb habe ich versucht, dir nicht nur eine vernünftige Grundlage für dein Wachstum und wirksame magische Techniken zu vermitteln, sondern mich auch bemüht, die dummen Ideen und abergläubischen Vorstellungen auszumerzen, die oft als Magie verkauft werden. Vergiss nie, dass Magie die Wissenschaft des Gebrauchs des *Geistes* ist und dass alle Utensilien und alles Drumherum nur dazu da sind, dir die Konzentration zu erleichtern. Von jetzt an solltest du jedes Mal, wenn du eine Kerze in einem Ritual anzündest, dies im Einklang mit den Prinzipien tun, die ich dir in diesem Buch vermittelt habe.

Es gibt immer eine Entscheidung, und diese Entscheidung liegt bei *dir*. Die Frage ist, ob du das Schicksal und andere wirklichkeitsfremden Dogmen hinnimmst oder die Wahrheit akzeptierst, dass du Macht hast und dein Leben immer zum Besseren verändern kannst. Das Leben wird immer danach trachten, deinen Wünschen zu entsprechen. Wenn du dich also dafür entscheidest, das Schicksal über dein Leben bestimmen zu lassen, dann wird es das tun. Wenn du den Weg der Macht wählst, wird auch er sich bewahrheiten. Das Leben macht keinen Unterschied, denn es kommt nur auf deine Entscheidung an. Wenn du dich mit Hilfe der Magie für Macht entscheidest, dann wird dir das Leben auf jede erdenkliche Art helfen, sofern du dir Mühe gibst und dir die Prinzipien dieses Buches aneignest und sie anwendest. Ich kann dir weder diese Arbeit abnehmen noch die Entscheidung an deiner Stelle treffen, sondern dir nur den Weg dorthin zeigen. Ab jetzt

bist du an der Reihe.

Möge die Macht dir beistehen,
möge die Erde auf deine Bedürfnisse reagieren,
möge das innere Selbst dich leiten,
mögen sich dir die Tore der Realität öffnen,
und mögen deine Anstrengungen im ÜBERFLUSS gesegnet sein.

Literaturverzeichnis

Buckland, Raymond: *Practical Candleburning Rituals.* St. Paul, MN: Llewellyn, 1970

Butler, Walter E.: *Das ist Magie. Die praktische Einführung in die Geheimnisse westlicher Magie.* Freiburg: Bauer, 1998

Ders.: *Kleine Schule der Magie.* Freiburg: Bauer, 2000

Böhmig, Birgit: *Astrologische Traumreisen. Schlüssel für die Seele.* Freiburg: Bauer, 2000

Cooper, Phillip: *Basic Magick: A Practical Guide.* York Beach, ME: Samuel Weiser, 1996

Ders.: *The Magickian: A Study in Effective Magick.* York Beach, ME: Samuel Weiser, 1993

Ders.: *Secrets of Creative Visualization.* York Beach, ME: Samuel Weiser, 1999

Cunningham, Scott: *The Magic of Incense, Oils, and Brews.* St. Paul, MN; Llewellyn, 1987

Dolnick, Barrie: *Das magische PowerSet oder wie Sie Ihrem Erfolg auf die Sprünge helfen.* Freiburg: Bauer, 2000

Dunwich, Gerina: *Candlelight Spells.* Secaucus, NJ: Citadel Press, 1988

Dies.: *The Magick of Candleburning.* Secaucus, NJ: Citadel Press, 1989

Dies.: *Das Einmaleins der Hexenkunst.* Landsberg: mvg, 1999

Ebertin, Baldur: *Vom kosmischen Symbol zur ganzheitlichen Deutung.* Freiburg: Ebertin, 1999

Geddes, David und Ronald Grosset: *Astrology & Horoscopes.* New Lanark, Scotland: Geddes & Grosset, 1997

Gray, W. G.: *Inner Traditions of Magic.* York Beach, ME: Samuel Weiser, 1978

Ders.: *Magic Ritual Methodes.* York Beach, ME: Samuel Weiser, 1980

Hamblin, H. Th.: *In Dir ist die Kraft. Grundlagen einer neuen Lebenskunst.* Freiburg: Bauer, 2000

Heidel, Max: *Simplified Scientific Astrology: A Complete Textbook in the Art of Erecting a Horoscope.* London: L. N. Fowler & Co., 1928

Helmke Hansen, Monika: *Das magische Wissen vom Mond. Entfalte deine ganz persönlichen Mondkräfte.* Freiburg: Bauer, 1999

Hone, Margaret: *The Modern Textbook of Astrology.* London: L. N. Fowler, 1951

Jehle, Markus: *Wenn der Mond im siebten Hause steht . . . Kreative Astrologie für Einsteiger.* Freiburg: Ebertin, 1999

Ders.: *Wenn Jupiter auf Mars zugeht . . . Kreative Astrologie für Fortgeschrittene.* Freiburg: Ebertin, 1999

Lee, Dave: *Magische Räucherungen.* Lübeck: Bohmeier, 1996

Leek, Sybil: *Book of Curses.* Englewood Cliffs, NJ: Prentice-Hall, 1975

Louden, Jennifer: *Zeit für dich. Neue Kräfte schöpfen aus der Stille.* Freiburg: Bauer, 1998

Scholdt, Gunda: *Praxisbuch der Esoterischen Astrologie.* Freiburg: Ebertin, 1999

Soror, A. L.: *Die magische Pforte. Die geheime Kraft von Tattwas, magischen Quadraten, Talismanen, Mandalas.* Freiburg: Bauer, 2000

Valiente, Doreen: *Witchcraft for Tomorrow.* London: Robert Hale, 1978

Wylundt: *Wylundt's Book of Incense.* York Beach, ME: Samuel Weiser, 1989

Über den Autor

Phillip Cooper beschäftigt sich seit mehr als 16 Jahren intensiv mit Magie. Er hat das Wesen astraler Projektion und veränderter Bewusstseinszustände untersucht und sich eingehend mit hermetischer Magie beschäftigt. Er ist der Verfasser mehrerer Bücher über Magie und Vorstellungskraft. Phillip Cooper lebt mit seiner Frau und seinen vier Kindern in Northampton, England.

Register